SV

Band 476 der Bibliothek Suhrkamp

Erhart Kästner
Aufstand der Dinge

Byzantinische Aufzeichnungen

Suhrkamp Verlag

9. und 10. Tausend 1979
Lizenzausgabe mit freundlicher Genehmigung des Insel Verlags

Druck: Nomos Verlagsgesellschaft, Baden-Baden
Printed in Germany

I

Mach nicht den Fehler und leb zu lang. Oder du müßtest ertragen, daß die Welt, die du liebst, mein Kind, sich von dir abdreht, wegrutscht, eingeht wie zu heiß gewaschene Wolle. Oder wie das Rund einer Tunnel-Einfahrt, während der Zug durchs Dunkele fährt, du stehst im letzten Wagen, am Zugende. Das runde Stück Welt wird alsdann kleiner und kleiner, wirft sich fort, und je länger die Fahrt geht, um so strenger schnürt sichs. So die Welt, wenn du länger lebst. Welt ist, was sich wegzieht. Welt ist, was schon von allem Anfang an abkommt und fremder wird. Welt weggezogen, verschleppt, irgendwohin versteckt, nicht mehr findbar. Mundus abstrusus.
Machst du den Fehler und lebst lang, so wird dir das aufgehn. Solang du jung bist, kannst du das nicht erkennen; du täuschst dich, glücklicher Weise. Du glaubst, die Welt habe Zukunft. Wohl, aber diese Zukunft ist Abkunft. Welt ist, was sich fortwirft. Abtrift; Welt und Schwund sind dasselbe. Jede Beobachtung braucht Zeit. Erfahrung ist mit Zeit eingerührt, innig verrührt, wie die Apotheker sagen, also untrennbar verbunden. Erkenntnis muß mit Zeit bezahlt werden; Geduld ist die einzige Währung, für die Einsicht zu haben ist. Daß Weltwesen immer ins Fremde abtreibt, lehren nur die Jahrzehnte; um einen geringeren Preis als es Jahrzehnte sind, ist diese Wissenschaft nicht zu haben.
Freilich, ich zweifle, ob ich dir, mein Kind, wünschen muß, daß du diesen Preis zahlest. Muß ich ihn nicht zu hoch finden? dir vom Erwerb abraten? Es ist ja nicht so, daß jedes Wissen gewußt, jeder Fortschritt

an Wissenschaft getan werden müßte; Wissen auch meiden zu können, ist eine Sache der Weisheit –, der Weisheit, die man früher, es ist lange her, Wissenschaft nannte; jetzt ist Wissenschaft bloß eine Klugheit, wenns hoch kommt. So zweifle ich, ob ich dir wünschen muß, diese Erfahrung zu machen.

Ich habe dich so erzogen, du wirst diesen Gedanken nicht klein machen. Du wirst ihn nicht in seiner billigen Ausführung nehmen, die es von jedem Gedanken auch gibt. So eine billige Nachahmung wäre: Eine solche Trauer sei eben Sache des Alterns, da man um die Zwanzig und Dreißig die Welt ganz schön finde und später, beim Nachlaß der Begierden, welche den Dingen den Glanz geben, halt nicht mehr so. Lieber Himmel, das sind diese vordergründigen Auskünfte, die so beliebt sind.

Auch könnte sein, wenn du lang lebst und es geht dir so, wie ich es voraussage, daß du alsdann die Gründe bei dir selbst suchst und meinest, daß es dir an Bemühung, die Welt zu lieben, ermangele. Daß es an dir liege, wenn Welt, Leben dir mit der Zeit fremd wird. Du könntest, wenn dir das Glück der Ersten Blicke entschwindet, meinen, du würbest nicht genug um die Welt, denn sie will ja, sie ist eine Frau, beworben sein wie alles, was einen erdichteten Preis hat; Unbestrittenes gilt wenig. Wohl. Und dennoch, du tätest dir Unrecht. Nicht in dir wären die Gründe zu suchen. Nicht so solltest du vorgehen. Außer mir und dir sind die Entstehungen, außer dich solltest du horchen. Auf dem Grund solltest du wissen: daß Wahrheit von Draußen kommt; das an-

dere sind Richtigkeiten, die auch sein müssen. Eine Wahrheit kann man nur auffangen wie eine Sendung von fernher.
Also, Welt ists, die sich wegzieht. Es ist nicht bloß eine Eigenschaft von ihr, die sie haben könnte oder nicht haben; es ist ihr Grundstoff. Hesiodos meinte, die Götter versteckten vor den Menschen die Nahrung. Ach, wenn sie bloß die Nahrung wegzögen; sie verstecken die Wahrheit und alles. Es macht ihnen Spaß, dieses Wegziehn. Und es scheint, als sei das Spiel jetzt erst richtig zu Laune gekommen, dies Verstecken, Wegreißen und Fortziehn.
Welt ist, was sich forttut, was fernrückt wie den Weltraumfahrern der Erdball; wenn der Neuzeit daranläge, Bilder, die sie erzeugt, wahr-, nicht bloß zur Kenntnis zu nehmen: hier hätte sie eines.

Wenn ich Maler wäre, ich würde immer bloß die Ruhe auf der Flucht malen. Du verstehst, es brauchte nicht mit dem alten Josef und dem Esel zu sein; es wäre nicht nötig, daß auf so einem Bild erzählt würde. Ich wüßte Bilder, auf denen weder Kind, noch Mutter, noch Weg, noch Wüste, noch deutscher Wald zu sehen ist wie bei Cranach, und dennoch Flucht und Ruhe vorkommt. Wir selber müßten darin sein; das wäre die Hauptsache. Die alten Meister dachten ja auch so.
Unser Jahrhundert hat ja die Fluchten zu seinem Haupt- und Lieblingsgeschäft gemacht; als das Jahr-

hundert der Flüchtlinge wird es in die Weltgeschichte, wenn dann noch Geschichte geschrieben wird, eingehen. Gab es so etwas schon einmal? so fliehende Millionen? Zuerst die Griechen aus ihren homerischen Landschaften, die sie dreitausend Jahre lang bewohnt hatten, dann Russen aus Rußland, dann Deutsche, die vor Deutschen flohen, anfangs aus Deutschland, dann aus dem halben, dann aus dem ganzen Europa, dann die Flüchtigen aus dem Osten, dann die aus Tibet, die in Hongkong, die nach Palästina, die aus Palästina, und vergiß nicht, die lieber fliehen möchten, die man nur festhält. Wer es sehen wollte, müßte es sehen, daß alle diese Fluchten Geschwister der Beschleunigung sind, die wir in die Welt brachten. Auf jeder Autobahn kann man dieselbe Flucht sehen. Und wiederum sind diese Beschleunigungen Geschwister von etwas, das zuvor nicht bekannt war; man muß es Welt-Verbrauch nennen. Welt-Schwund und Welt-Verbrauch machen jetzt halt Kompanie zusammen. Jetzt brauchen ja auch Gedanken nicht mehr lange zu halten, da neue Klugheiten immerfort hergestellt, angeboten, verkauft und schnellschnell verbraucht werden, damit Platz wird für neue. Wie früher, daß Gedichte hundert Jahre lang hielten, das ist jetzt nicht mehr. Jetzt hört alles auf den Namen: rapide.
Was da an Ruhe möglich ist, kann nur wenig sein. Im Wildwasser einige Pfähle, im Quirlwasser. Da ergeben sich so kleine, unbeständige Dellen, Wassergruben, du kennst das. Kleine Tröge, kaum nennbare Mulden. Ein wenig Abstrom wird aufgehalten,

eine Handvoll, ein Mundvoll, und nur eine vorübergehende Weile. Damit doch nicht alles gleich wieder hinfahre, sich fremd mache.

Du verstehst mich. Gemessen daran, daß Welt in einem fort wegrutscht, sich fremd macht, können diese Ruhen nicht viel ausrichten. Welt, das ist eine Wohnung, aus der man in einem fort auszieht. Welt, ein ununterbrochener Wegzug; man zieht selber weg, und Welt zieht sich auch weg, und träume nur ja nicht von Rückkehr. Welt immer fortgerissen, geraubt, verschleppt und versteckt und gestohlen. Mundus rapidus.

II

GOTTESHAUS GOTTLOS

Eines Mai-Morgens näherte ich mich dem Dom, der nach der Hagia Sophia benannt wird, nach der Heiligen Weisheit. Wie jeder Andere hatte ich diesen Bau unzählige Male bedacht, ehe ich es dahin gebracht hatte, ihn zu betreten; großer Moment eines jeden Lebens, wie anders soll man es nennen. Denn irgend etwas ist doch verblieben davon, daß dieses Haus durch mehr Jahrhunderte Weltmitte war als irgend ein anderes. Wenngleich das Gefühl dafür nach und nach abstarb; das Gefühl schwand einfach. Die Welt gewöhnt sich an alles. Durch den Meister-Trick, den Geschichte sich ausgedacht hat, durch den Kniff, das Gedächtnis bei jeder Geburt neu beginnen zu lassen, erreicht sie: Die Welt gewöhnt sich an alles. Hätten die Türken, woran doch nur eines Haares Breite gefehlt hat, auch den Sankt Stephans Dom in eine Moschee umgewandelt: die Welt hätte es auch hingenommen. Nach Zeit und Weile würden die Reisenden mit denselben ungenauen Gefühlen, mit denen sie jetzt die Kirche der Hagia Sophia begehen, die Moschee Sankt Stephan betrachten.

Als in der Mitte der dreißiger Jahre unseres Jahrhunderts die Nachricht eintraf, Ata-Türk, der Türkenvater, habe sich dazu entschlossen, die Moschee, welche merkwürdiger Weise immer noch mit dem griechischen Namen der Heiligen Weisheit, also Aja

Sofja benannt war, als Moschee aufzugeben, sodaß sie von nun an Museum sei, hielt man das für einen Fortschritt. Man wird anderer Meinung, wenn man das Glück hat, einen seltenen Band größten Formats in die Hand zu bekommen, der im Jahr 1852 in London erschien und der fünfundzwanzig farbige Lithografien des Gotteshauses enthält, Ansichten, die Gaspare Fossati gemacht hat. Nämlich, der Tessiner Architekt an der russischen Botschaft in Konstantinopel, Fossati, erhielt in den vierziger Jahren des vorigen Jahrhunderts vom Sultan den Auftrag, die alte Christenkirche, die damals schon vierhundert Jahre lang Moschee und baufällig war, wiederherzustellen. Es muß für den jungen Architekten die Aufgabe seines Lebens gewesen sein, und er muß den Bau über alle Maßen geliebt haben. Die fünfundzwanzig sehr großen und genauen Lithografien sind Zeugen. In fünfundzwanzig Einblicken und Durchblicken nahm er den einzigen Raum auf, bei wechselndem Standort, in immer neuen Anläufen, so wie ein Lobgesang vielstrofig immer dasselbe sagt und sich niemals genug tut.
Nun aber die Hauptsache. Leicht könnte es so gekommen sein, daß dieser Fossati, ein architektonischer Fachmann, Statiker, den heiligen Raum objektiv, wie wir zu sagen pflegen, also wissenschaftlich, historisch, als Kunsthistoriker aufnahm. Das aber, das eben das tat der junge Mann nicht. Vielmehr, der Ruhm dieser Lithografien liegt darin, daß Fossati den Hauch, der durch die mächtige Höhle wie Schwaden zog, wahrnahm, und daß er ihn wiederzugeben

vermochte: die Andacht, das Numen. Die Innigkeit, möchte man sagen, würde die Wahl dieses Wortes einem Schriftsteller nicht ein Mehrfaches an Mut abfordern als der Gebrauch gewisser Worte, deren Aufnahme ins Schrifttum, da sie ohnehin Jeder kannte, weniger verändert hat als man annahm.
Dieser Mann muß gefühlt haben, daß die Aja Sofja auch als Moschee noch dem Gott diente, dem sie vom Jahr 537 bis auf seine Zeit und dann noch bis zum Jahr 1935, also vierzehn Jahrhunderte lang, ohne die Unterbrechung eines einzigen Tages gedient hat: demselben. Diese Steindrucke zeigen, was man auch jetzt noch in jeder anderen Moschee sehen kann: hingerissene Beter, Gottversunkene, und es ist nicht zu vergessen, daß der Gott, den sie anbeten, derselbe Gott ist wie der, den wir, falls wir beten, anbeten: wenn auch nicht der Gott des Paulos, so doch der Gott Abrahams, Isaaks und Jakobs.
Sodaß es verkehrt wäre, die katastrofale Zäsur in der Geschichte dieser Kirche ins Türken-Jahr 1453, gewiß ein Jahr des Unheils, zu setzen. Wohl ist damals der Dom aus Christenglauben in den Glauben der Moslim übergegangen; wohl geschah damals ein weltgeschichtliches Unglück. Doch was die Kirche der Hagia Sophia anlangt: das Skalpell, das viel heftiger eindrang als jeder Einschnitt vorher, setzte an, als die Kirche sich leerte. Leer wurde. Die Kirche der Hagia Sophia, im Jahr 1935 verstarb sie. Museum. Nun war wichtiger als alles: die Forschung. Nun war diese Kirche ein Gegenstand. Nun war sie Kunstgeschichte. Nun war sie für den Weltverbrauch

der Reisenden da, die, während sie Welt verbrauchen, sich mitverbrauchen, ohne es wahrzunehmen. Denn die unheimlichsten Verluste sind die, die nicht mehr gefühlt werden.

NUMEN INEST

Über den sonnigen Vorhof zockelte eine Schulklasse. Oder wohl mehrere Klassen; eine Schule. Die Knaben schnatterten griechisch. Es war neunundzwanzigster Mai, Jahrtag des Falles von Konstantinopel, griechischer Trauertag, immer noch, nach mehr als vierhundert Jahren. Immer noch wird der Tag mit Kummer bedacht, der das Haupt nahm, die Stadt nahm, als wäre es gestern gewesen. Also hatten die Knaben der Theologen-Schule, die sich noch auf der mittleren Prinzen-Insel im Marmara-Meer vor Konstantinopel befindet, schulfrei. Die Schule, was soll sie mit so einem Trauertag machen, und so war er auch wieder ein Freudentag für die Knaben. In Mai-Ausflug-Stimmung zogen sie aufgelöst über den Vorhof; wer kann Trauer von Knaben verlangen für etwas, das schon vierhundert Jahre lang vorbei ist. Frühlingstag, schulfrei. Die Welt fängt eben mit eines Jeden Geburt an.

Ein griechischer Freund erzählte mir schon vor Langem: Begleitet von einem Deutschen habe er eines Tages die Hagia Sophia betreten. Für ihn, den Griechen, sei es die dreißigste oder vierzigste Wallfahrt nach dem verlorenen Jerusalem seines geliebten Vaterlandes gewesen, für den Deutschen jedoch eine erste.

Der Augenblick, wenn der Besucher von der Vorhalle, dem Narthex, durch das Kaiser-Portal in das Kirchen-Innere geht, ist für Jeden der große Moment. Wenn sich die Wölbung eröffnet und die mütterlich warme Höhle ihn aufnimmt, wenn durch die vierzig Fenster, die hoch droben am Fußring der Kuppel wie Tropfen hängen, Lichtfahnen einfahren: so ist er angekommen, von wo es ihn nicht anderswohin drängt.

In ebendem Augenblick, so erzählte mein Freund, habe der Deutsche den Fuß zurückgenommen, sich abgewandt und gemurmelt: »Numen inest.«

Es wird sich nie aufhellen lassen, warum sich manche Sätze im Gedächtnis festhängen, in demselben Gedächtnis, das doch zu seinem Glück, zu seiner Gesundheit ununterbrochen vergißt. Die Geschichte blieb mir.

Offenbar fühlte der Deutsche sich nicht verpflichtet, seine Aufmerksamkeit sogleich dem zuzuwenden, was sonst so wichtig gemacht wird: Grundriß und Maße, Säulenordnung und Stil, Historie, Daten, Materialien, Herkünfte. Alles dies Gegenständliche, womit die datenversessene Neuzeit sich davor drückt, die Dinge dieser Welt in ihrem Recht sein zu lassen, in demselben Recht, in dem wir sind.

Er, immerhin, hatte den Mut, diesen Bau nicht gegenständlich zu sehen. Er nahm wahr, was den Raum füllte. Nicht so sehr, was ihn eingrenzte, nicht so sehr das Gewände.
Numen inest. Das hieße: Hier waltet etwas, das in der Welt ist, doch offenbar nicht aus ihr stammt. Numen, der Wink, die Nachricht, deren Absender man nicht kennt.

III

Dieser mächtige Wölb-Raum, ich nehme ihn für den Erz- und Inbegriff dessen, was Macht ist. Macht ist also, was den Übermächtigten reicher macht, keineswegs schwächer und ärmer; diese Erfahrung hat, wer in diesem Raum steht. Macht, so aufgefaßt, ist, was mächtiger macht, keineswegs ohnmächtig. Macht, wenn sie rein ist, läßt nicht einen Anderen zahlen. Macht, ursprünglich, beim Wort genommen, ist also nicht etwas, was sich auf Anderer Kosten ergibt, aus deren Schwächung. Das Wort Macht ist einer Verderbnis erlegen oder doch einer Verformung. Macht, da denken Alle an Macht über Andere. Aber Macht, beim Wort genommen, kann nicht etwas sein, was aus Unterdrückung entsteht und aus Diebstahl. Macht, aus der Lebensmacht Anderer gestohlen: das ist ihr Mißbrauch.

Die Päonie ist mächtig im Juni. Im nächsten Anlauf, im künftigen Sommer wird sie noch mächtiger sein. Wen unterdrückt sie? Der Eichbaum ist mächtig aus sich; wen unterdrückt er? Mächtig will ein Vers und ein Satz sein, was sonst denn. Wovon träumt denn der Schreiber? Wovon träumt denn der Zeichner als davon, Macht in einen einzigen Strich zu versammeln, der ausstrahlt. Wen schwächt er? Soll Macht nur das sein, was sich aus anderer Lebenskraft mästet, Macht nur durch Wegnahme? Mächtig durch Schwächung von Schwächerem?

Kung fu Dse wurde von einem seiner Schüler gefragt: Was er als Erstes tun würde, wenn ihm der

Fürst der Provinz Wei die Herrschaft über sein Land übertrüge. Kung fu Dse antwortete: »Ich würde die Bedeutung der Worte richtigstellen.« Denn, fuhr er fort, der Edle leide es nicht, daß seine Worte in Unordnung seien, und er fügte hinzu: »Das ist es, worauf alles ankommt.«
Es wird den Weltlauf nicht ändern, wenn man das Wort Macht richtigstellt. Macht wird, wie von jeher, allermeist dadurch entstehen, daß die Einen die Anderen zu unterdrücken bestrebt sind, denn das ist die gemeinste und billigste Sorte Macht, die zu Markt steht.
Dennoch, ich folge dem Kung fu Dse nach, wenn ich meine: Wenn das Wort Macht von seinem Zenit aus gehört wird, scheint etwas in Ordnung gekommen. Wenn die Mächtigen, die es geben muß, ihren Begriff von Macht dorther ziehen, so scheint mir etwas gewonnen.
Zu Macht kommen heißt, zu seiner höchsten Möglichkeit kommen. In Macht sein: Sonnenhochstand. Macht: eines Dinges großer Moment, seine Glückstunde. Macht: wenn etwas ganz bei sich selbst ist.

Man wird hergehen und sagen: War dieser Kaiser Justinianus, dieser Kirchenbauer, nicht mächtig, da er Macht über zehntausend Menschen besaß, die er zwingen konnte, zu wirken, Entwürfe, Pläne zu machen, Berechnungen anzustellen, die Besten herzuholen, Bauführer mit Macht auszustatten über Ge-

hilfen, Befehle, Überordnung und Unterordnung, die bewährte Machtkette? Wäre es ohne seine Übermacht möglich gewesen, die riesigen Säulen auf Schiffen von weither zu schaffen, die grünen aus Ephesos aus dem antiken Hafen-Gymnasion, die acht porphyrenen vom Tempel des Sonnengottes in Rom, das damals eher ein Dorf war? Und wer trieb das Geld ein?
Dagegen wäre zu sagen: Freilich. Es ist nicht der Wunsch dieser Sätze, zu leugnen, daß Macht über Andere zu Recht besteht; Macht über Andere wird sich nicht abschaffen, nicht einmal wegwünschen lassen, solang die Welt nicht aus Weisen besteht, also niemals. Soll man deswegen dem Wort Macht, wie durch Quirlwasser auf Bachkiesel, nicht auf den Grund sehn?

Eine Einsicht, die man gewann, sollte an einen Ort dieser Welt gebunden sein, an einen Aufenthalt, ein Verweilen. Etwas Welt, Duft, Form und Farbe, sollten dabei sein. Das macht Einsichten dinglich. Denn Dinge sollten es sein, welche die Einsicht mitgeteilt haben; Ort, Zeit sollte immer dabei sein. Wahrheit ist zeitlich und örtlich.
Daß Macht nicht etwas zum Nachteil von Entmachteten sein muß, wollte mir an einem Maimorgen, den ich in der Kirche der Hagia Sophia zubrachte, einleuchten. Also werde ich, wenn ich diesen Gedanken fortdenke, jedes Mal dort sein.

IV

DIE IKONEN-WAND

Zu den Verlusten, welche die Kirche der Hagia Sophia zu einem Schatten von dem, was sie war, machen, wären außer dem Umstand, daß sie jetzt Museum und nicht mehr Gotteshaus ist, auch dingliche Veränderungen zu rechnen. Es ist schlimm, daß sie ihrer gesamten Einrichtung beraubt ist. Was man sieht, ist der total geplünderte Zustand. Und es ist gerade das Wesentliche, was fehlt. Es fehlt der Altar, der dem Bauwerk den Sinn gab, es fehlt der Ambon, die Kanzel, Kehle und Wort also, es wären die Mosaiken zu nennen, von denen nur noch wenig zu sehen ist, und wir wissen zu wenig über die Farben, die so, wie sie sind, nicht gewesen sein können. Die Marmorwände, die bunt waren, sie wurden damals Himmels-Wiesen genannt, sind trüb und traurig geworden. Und es fehlt, was das Besondere der griechischen Kirche von jeher war und noch jetzt ist: die Ikonen-Wand.

Die Ikonen-Wand, die verehrte und vielgeküßte, trennt jeden griechischen Kirchenraum in zwei Räume. Vor ihr, das ist die irrende, vergebliche Welt, deren Schicksal das Stückwerk ist, Halbgelingen, Mißlingen. Der unbetretbare Raum, den sie abschließt, stellt die erlöste, erleuchtete Welt dar, nach welcher der Sucher sich sehnt, der er sich immer nur schwellenhaft nähert. Im Nähern gewinnt sein Leben den Sinn.

Der Gedanke der Ikonen-Wand und des Geheimnisses, das sie hütet, wird bei uns kaum verstanden.

Zu meilenfern liegt den Vordenkern unserer Tage dergleichen. Doch könnte der einfache Gang in irgendeine griechische Kirche belehren, daß ein Leben, das aus dem Schwellenhaften gelebt wird, so glücklos, so rückständig, so bedauernswert doch nicht sein muß. Man steht eine Weile im Raum einer Wallfahrtkirche, eine jungbäuerliche Familie wird kommen, Mann, Frau und das Kleine, sie kommen weither auf weichen Schuhen, die sie selber gemacht haben, Wander-Schweiß, Geruch ihrer Schafe und Ziegen und der Milch, die sie trinken, küssen die Bilder, küssen sie wieder und wieder, mit ihren Füßen hintretend ans paradiesische Gitter.
Wir haben dagegen den Heilsweg der Neuzeit gesetzt. Apparate-Glück, Glück der wissenschaftlichen Aufrüstung, Parolenglück, Fernsehglück, Drogenglück: in jedem Fall wird Verbraucherglück, Unglück verbrauchter Welt mit dabei sein.

SPURLOS VERSCHWUNDEN

Die Ikonen-Wand der Kirche der Hagia Sophia ist schon durch die Kreuzfahrer geraubt und geplündert worden, im Vierten Kreuzzug, der im Jahr 1204 der Stadt des Konstantinos die Todeswunde beibrachte, an der sie bis zu ihrem Untergang im Jahr 1453 fortkrankte. Es ist keine Spur mehr von dieser Ikonen-Wand da, nichts mehr von den Silbermengen, aus denen sie, zu ihrem Unglück, bestand. Nichts mehr von den Silber-Säulen, nichts mehr von den heiligen Bildern. Wie es bei solchen Plünderungen geht, das Gestohlene wurde verschmolzen, um die Spur des Diebstahls zu löschen.

Es ist Gelehrten-Streit darüber entstanden, wie die Bilderwand der alten Hagia Sophia aussah. Der Theolog Karl Holl glaubte, daß die Ikonen-Wand der griechischen Kirche von der Skenen-Wand des antiken Theaters mit ihren drei Auftritt-Türen abstamme: ein schöner Gedanke für Jeden, dem die Brücken-Verbindung der späteren griechischen, der sogenannten byzantinischen Jahrhunderte zu den antiken näher am Herzen liegt als deren Abtrennung. So hat der große Kunstgelehrte Josef Strzygowski den Gedanken von Holl begeistert bejaht und ihn als beispielhafte Zusammenarbeit von Theologie und Kunstgeschichte gepriesen. Andere haben das alles in Zweifel gezogen, indem sie wahrscheinlich machten, daß die Bilderwand der alten Hagia Sophia nur bis zur Brusthöhe, aber nicht zur Augenhöhe gereicht habe, eine Brüstung also. Im Blick auf das Schwellenhafte, auf das es doch ankommt, auf das Unbetretbare, dem wir uns nur in Augenblicken zu nähern vermögen, ist das belanglos.

Jetzt also geht der Besucher kreuz und quer durch den Raum, von keiner Schranke gehindert, wie er meint, frei. Völlig frei. Nichts mehr unbetretbar. Im Vergleich zu dem, was einmal gewesen ist, muß man den jetzigen Zustand banal nennen.

Denn ein neuer Würger ist da: das Weltbanale. Der neue Weltfeind, der rätselhafte Befall, der die Dinge von innen her krank macht und aushöhlt und fad macht; sie sind dann wie Bälge abgestorbener Insekten. Das Banale, der Weltfeind, der stark davon ist, daß er es versteht, sich hinten zu halten, Anderes vorzuschicken, so als sei nur die Wirtschaft, die Gesellschaft zu ändern und schon sei Rettung. Der Weltfeind, der sich als Weltfreund einschleicht.

Banal. Da käme es darauf an, zu wissen, was denn banal heißt. Wo hat das Wort sich bisher aufgehalten, in welcher Gesellschaft?

Es ist ein Feudalwort. Denn es kommt von Bann her; der Heerbann ruft die Vasallen zum Krieg auf. Der Blutbann in der Hand des Gerichtsherrn. In Acht und Bann tun: das will Verbot und Gebot sagen. Der Bannkreis, das ist der Umkreis, innerhalb dessen verfügt wird. Le moulin banal, das ist die Mühle, die dem Grafen gehört und zu der Alle hinmüssen. Die banale Mühle, das ist die Mühle für Alle. Wer in der banlieu wohnt, muß zur Mühle des Grundherrn. Daß es in der Bann-Meile keine andere Mühle als die gibt, dafür sorgt schon der Grundherr. Und wie die Mühle, so auch die Brücke, über die man den Brückenzoll zahlt, so der Wald und das Jagdrecht. Eben der Bannkreis.

Nun gut. Die Schranken, die Mauern sind abgebaut worden, wer will sie zurückwünschen. Jetzt ist die

Mühle Jedermanns Mühle, öffentlich, Allen zugänglich, gemeinnützig. So oder so volkseigen.
Und wie verhielt sich das Wort unter diesen Umständen? Es sprang. Das Wort wäre überfällig gewesen, hätte fortgehen können, hatte Urlaub. Doch es war noch nicht am Ende. Es sprang, es bezeichnete an Stelle des alten Übel-Stands einen neuen, der auf dem Fuß folgte. Das Wort war klüger als die, die es im Mund führen. Der Bann fiel, aber das Banale trat von der anderen Seite her ein, dasselbe Wort auf dieselbe Bühne, die sich ein wenig gedreht hatte. Die Schranken öffneten sich, Mauern fielen, Gefälle flachte, nun war überallhin Zugang. Das Zeitalter des All-Erlaubten brach an, des Allzu-Zugänglichen, Drucklosen. Alles Allen Zugänglich: banal alles. Das ist wie bei Fischen, die den Abyssos bewohnen und die, heraufgeholt, drucklos platzen.
Bann war ein Machtwort und es ist Machtwort geblieben, da das Banale sich stärker zeigt als wir Alle. Groß war die Hoffnung gewesen, daß alles besser und gut werde und ganz gut, wenn nur die Vorrechte abgebaut wären und alles öffentlich, allgemein zugänglich. Doch das Wort lachte, zuckte die Achseln und sprang.

V

WER IST DAS, DIE HEILIGE WEISHEIT?

Zehntausend Reisende besuchen die Kathedrale der Hagia Sophia, zehntausend bewundern, Wenige fragen: Wer ist das, die Heilige Weisheit? Wer kennt sie? Wer kann gemeint sein?
Die Frage, die doch die allererste sein müßte, wird weggedrängt von dem Vielen, das über dieses berühmte Bauwerk geforscht, geschrieben, gesagt und immer wieder gesagt wird: Grundriß-Fragen, Herkunft- und Vorläufer-Fragen, Kuppel-Fragen, Maße und Daten, das Wunder des schnellen Fertigwerdens, vom Entwurf bis zur Einweihung fünf Jahre und zehn Monate, und der Kaiser Justinianus Tag für Tag auf der Baustelle, wie der besorgte Bauherr bei Bau seines eigenen Hauses zu tun pflegt. Daß zehntausend Bauarbeiter zu gleicher Zeit werkten. Oder die Frage, ob Tempelsäulen vom Tempel des Sonnengottes in Rom herbeigeschafft wurden oder ob es Baalbek am Libanon war, woher sie kamen, Baalbek, das damals Heliopolis hieß und eine große Stadt war, und viele andere solche Daten und Fakten, die sich leicht anhören, leicht vergessen, dazu dienen, die Vordergründe zu füllen und offenbar von der Vorstellung ausgehen, daß der Wille, der ein solches Bauwerk erzeugt hat, nichts gewesen sei als ein Kunstwille. Aber das ist eine sehr neuzeitliche Vorstellung.
Es wird auch selten die Schilderung des vollendeten Bauwerks aus der Feder des Prokopios ausgelassen,

die Geschichte vom Weihnachts-Tag des Jahres 537, als der Kaiser in großer Zeremonie die Kirche beging und den Chronisten die Worte zuwarf, die sich spontan anhörten, aber doch wohl vorbedacht waren: diesen Anruf an König Salomon, den vorigen Tempel-Erbauer, und daß er ihn übertroffen habe. Er rief aber auch: »Ehre dem Allerhöchsten, der mich für wert hielt, ein solches Werk zu vollenden«, ein Satz, der in neuzeitlichen Ohren sich leicht wie eine fromme Phrase ausnimmt. Doch da wäre er zu wohlfeil genommen; Justinianus, mystischer Gläubigkeit voll, hat ihn in Überzeugung gesprochen. Das hindert nicht, zu bemerken, daß Demut und Hochmut in diesem Satz sorgsam gemischt sind.

Die Heilige Weisheit. Freilich ein Knäuel schwerster theologischer Fragen. Die Weisheit Gottes? Aber damit wäre gesagt, daß es die Weisheit von Menschen nicht wäre, niemals und eben gerade ganz gewiß nicht. Die Weisheit Gottes, das wäre die Unerforschlichkeit Gottes, wie sie Hiob, Einer für Alle, erfuhr. Wäre möglich, daß der Unerforschlichkeit Gottes, dem demütigsten aller Demut-Gedanken, ein Bau erbaut wurde, der unter anderem auch stolz ist? Schön wäre es, wenn man Demut als Baugedanken annehmen könnte. Aber war es der Gedanke des allerchristlichsten Kaisers? des Weltherrschers? des Nachfolgers der Cäsaren, der es übernommen hatte, im Namen Christi zu herrschen, zu handeln, Entschlüsse zu fassen, da das verheißene Ende aller Dinge nicht kam?

Er mußte ihm fern liegen, so fern, wie er unserer

Neuzeit fernläge, deren einziges Glaubensbekenntnis die Alles-Erforschlichkeit ist. Die Unerforschlichkeit Gottes könnte beschwiegen, kaum gebaut werden.

GESCHICHTE, GESCHICHTE

Obwohl ich einsehe: das Unternehmen, Geschichte zu schreiben, kann nur in einem Zustand der Tollkühnheit gewagt werden, da es uns nicht einmal möglich ist, das eigene Leben, wenn es zehn und zwanzig oder dreißig Jahre zurückliegt, Ängste und Seligkeiten, Hoffnungen, Täuschungen zum zweiten Mal gegenwärtig zu machen, das, was wir doch selber gelebt haben. Auch sind wir, zu allem anderen, Bestochene der Ausgänge, durch welche alles entweder im Fratzen- oder im Schmeichel-Spiegel verzerrt wird.

Geschichtschreibung, das läuft entweder darauf hinaus, knöcherne Daten oder knöcherne Konstruktionen für hoffendes, ängstendes, ungewisses Leben zu geben, oder es setzt den Entschluß voraus, einen Roman zu schreiben. Ein Roman, das heißt, den Erzähler zu machen, der mehr als die Handelnden weiß, einen Alleswisser der Szene. Das heißt, Psychologie auf gut Glück zu treiben, das heißt, Theaterhelden auf die Bühne zu stellen an der Statt von Menschen, die gelebt haben. In diesem Fall liegt der Entschluß vor, unter die Historien-Maler zu gehen, auf die Gefahr hin, entweder als Piloty und Anton von Werner oder als Géricault und Manet vorzukommen. Mit dem, was gelebt wurde, verbindet das Eine und das Andere nicht sehr.

Doch wir, deren Lebensgefühl durch die sürrealistischen Künstler unseres Jahrhunderts verändert wurde, sind wohl eher fähig, das Sphingische des Weltgeschehens zu sehen, als es zu Zeiten der Schlemmereien in Sicherheit möglich war, die das vorige Jahrhundert geliebt hat.

GROSSMORD

Über den Feiersätzen des Prokopios, der vom Kaiser den Auftrag zu einer Baubeschreibung aller Großbauten und Prachtbauten, also auch der Kirche der Hagia Sophia erhielt, und über den Prunkversen des Paulos Silentarios, eines Hofdichters, der seine Baubeschreibung unter Metafern begrub, wird vergessen: Der Anlaß zum Bau dieser Kirche, und mehr, seine Ursache, war der Massenmord eines Januar-Tags, ein Großmord an Wehrlosen. Justinianus, der Bauherr der Kirche der Heiligen Weisheit, befahl ihn und muß die Last schleppen, so lange seiner gedacht wird. Daß aus dem blutigsten Vorgang die Kirche wuchs, die uns der Inbegriff von Macht und Milde zu sein scheint: ein Rätsel, nicht wegzuschieben.

Es ist von fünf Januar-Tagen des Jahres 532 die Rede, einem der regelmäßigen Massen-Ausflüge aus der verhaßten Gesittung in Zerstörung und Selbstzerstörung, in die Wohltat des Unsinns. Die fünf Tage werden von der Historie der Nika-Aufstand genannt, weil die Haupt-Akte des Dramas sich im Hippodromos abspielten, und weil die zehntausend Zuschauer, ähnlich wie bei einem Stierkampf, den Arena-Helden Nika! du mußt siegen! zubrüllten.

In Kürze: Der Aufstand hatte am 19. Januar bereits fünf Tage lang gedauert. Haß trieb an einem Tag die Parteien gegeneinander, am anderen Tag beide Parteien zusammen gegen den Kaiser, am dritten Tag wieder anders. Die Innenstadt von Konstantinopel, was jetzt die Gegend der Hagia Sophia und des leeren Platzes ist, der damals der Hippodromos, also Stadion und Zirkus war, bis hin zum Konstantin-Forum, wo jetzt die Verbrannte Säule steht, alles in Flammen. Man weiß, Marmor brennt, wenn einmal Brandhitze da ist. Auch die alte Basilika der Hagia Sophia, mit der hölzernen Flach-Decke brannte. Zerstörung, Plünderung, als ob die Stadt in Feindeshand wäre. Die Ereignisse der fünf mörderischen und zerstörungswütigen Tage sind von so vielen Zeitgenossen beschrieben worden, daß wir Tag für Tag und oft Stunde für Stunde dabei sind. Der Chronist Johannes Lydos schreibt, die Straßen seien kaum noch begehbar gewesen, versperrt von Zertrümmertem und Verkohltem, »alles voller Schutt, Rauch und Asche, als ob man im Krater des Vesuvius sei«. Wir kennen dergleichen.

Die Volkswut war so, daß der Kaiser entschlossen war, oder fast entschlossen, aufzugeben. Schon hatte sich das Gerücht ausgebreitet, daß er nicht mehr im Palast, nicht mehr in der Stadt, schon zu Schiff sei. Es war nämlich Ostwind, seit Tagen, und der hatte zur Folge, daß der Stadtbrand landeinwärts fraß, von der Akropolis, der Hochstadt, dem jetzigen Serail fort, vom alten Kaiserpalast fort nach Westen. So war der Palast-Hafen frei; der lag am Marmara-Ufer, dort, wo die Eisenbahn fährt, nicht weit von dem kleinen, schicken Hotel, das an der Auto-Uferstraße am Meer liegt.

Man kann es sich vorstellen, daß dem Kaiser, dem Hochsensiblen, Intellektuellen die Brandungswellen des Unsinns zusetzten. Vielleicht erlitt er einen Anfall von Welt-Ekel. Von Geschichts-Ekel; man könnte es nachfühlen. Doch es kam anders.

Zu mehreren Malen in diesen stürmischen Tagen hatte das Volk sich im Hippodromos versammelt, welcher Sportpalast und zugleich eine Art Parlament war. Am neunzehnten Januar waren sie wieder zu vielen Tausenden da, um einen neuen Kaiser, der ein Neffe des Justinianus war, Hypathios hieß und das alles eigentlich überhaupt gar nicht wollte, zu feiern. Ein Januar-Tag pflegt am Bosporus feuchtkalt zu sein, dazu der Ostwind. Im zweimal vierhundert Meter langen Halbrund mit vierzig Sitzreihen übereinander Tausende, aufgeregt, neugierig; es waren doch Griechen. Da drangen, zuerst durch das Nord-Portal, dann durch alle Eingänge und Aufgänge, Schwerbewaffnete ein; die Volksmenge wehrlos. Jäh Schreck-Erkennen, in einer Riesen-Volks-Falle zu stecken. Ein Massaker ohnegleichen

begann; die Chronisten schreiben von dreißigtausend und vierzigtausend Gemordeten, weniger als dreißigtausend nennt keiner.
Das war der 19. Januar. Am 20. befahl der Kaiser den Abbruch der alten Basilika der Heiligen Weisheit, der ausgebrannten. In vierzig Tagen, kaum glaublich, wurde der Abbruch geschafft. Während derselben vierzig Tage müssen die Architekten des Neubaus, Anthemios von Tralleis, einer Stadt gegenüber von Samos, und Isidoros von Milet, der eine wohl Künstler, der andere Mathematiker, Statiker, ausgewählt, herbeigeholt und ernannt worden sein. Während derselben vierzig Tage fieberhaftes Entwerfen: die Lage des neuen Baues bestimmt, des Baus, den wir jetzt noch betreten, der Grundriß gezogen, Berechnungen begonnen, Niveau um anderthalb Meter gehoben, die tiefen Gründungen der Strebe-Pfeiler gegraben. Am 23. Februar, also nach fünf Wochen, einer lächerlich kurzen Frist also, legte der Kaiser den Grundstein. Anderthalb Jahre später stand schon der halbe Rohbau, dreizehn Meter hoch, wie man an einer Steinmetz-Markierung erkennt: ein Tempo, das wir im Maschinen-Zeitalter mit Kranen und Baggern und Raupen und Groß-Büros zum Zeichnen und Rechnen, und ohne Bauwerke von tausendjähriger Gültigkeit zu Stande zu bringen, kaum halten.
Wenn über ein Bauwerk wie über den Dom der Hagia Sophia gesprochen wird, möchte man Feierliches erfahren. Doch kann es nicht angehen, das schreckliche Ineinander der Hippodromos-Tage und des

Kirchen-Baus einfach so wegzuschieben, wie es in allen Beschreibungen und Untersuchungen, die ich kenne, der Fall ist. Großmord und Bau der Hagia Sophia, das ist leider untrennbar.
Um Himmels willen: Welche Heilige Weisheit konnte denn also gemeint sein?

DER HIPPODROMOS

Der Schauplatz des Großmords, der Hippodromos, liegt immer noch, wo er lag, ein paar Steinwürfe entfernt von der Kirche der Hagia Sophia. Der Hippodromos war Stadion, Zirkus, Sportpalast, Parlament, klassisches Theater und Volkstheater, Kabarett: das alles in Einem. Volkes Himmel. Volkes Hölle, damals.
Das alte Konstantinopel, als es zur Hauptstadt des Römischen Reiches ernannt war, schleppte aus der gesamten Antike zusammen, was sich schleppen ließ. Wer sein Herz an die dreimal gepriesene Kunst der griechischen Antike verlor, und wer verlor es nicht, der kann Istanbul nicht anders begehen als in Trauer. Hier, in dieser Stadt, deren Lage überwältigend schön ist, ist das Meiste und Schönste aus der Antike zu Grabe gegangen.
So war auch der Hippodromos, die Pferdebahn, vollgestopft mit Kunstwerken. Neben allen anderen Zwecken, denen er diente, war er auch noch ein Freilicht-Museum. Der Umgang zwischen den unteren

Sitzreihen und der Arena: eine Zeile von Kunstwerken. Die Wirbelsäule der Rennbahn, welche die beiden Rennstrecken trennte: eine Zeile von Denkmälern, wovon die Reste von zweien noch da sind, und der rosengranitene Einstein von Karnak. Ganz oben, über den obersten Sitzreihen, Arkaden; man kann sie auf alten Zeichnungen von Reisenden sehen. Auch in diesen Arkaden Kunstwerke. Verschwunden, eingeschmolzen das alles.
Der Chronist der Verwüstung Konstantinopels durch die Kreuzfahrer, Niketas aus Choniai, überliefert uns eine Liste der antiken Kunstwerke, die damals, allein im Jahr 1204 zu Grund gingen. Eine klägliche Liste. Die vier Bronze-Rösser, die jetzt überm Hauptportal von San Marco stehen, standen im Hippodromos über den Rennwagen-Boxen. Von der bronzenen Schlangensäule, die aus Delphoi ins Hippodrom kam und eines der verehrtesten Denkmäler des alten Griechenlands war, Weihgabe für den Sieg von Plataiai, ist nur noch ein kläglicher Rest da. Der gemauerte Obelisk, der noch dasteht, war mit vergoldeten Bronze-Platten bedeckt; man sieht noch die Dübellöcher. Die Platten müssen ein Bilderbuch des ländlichen Lebens gewesen sein, ziseliert oder Relief-Guß. Ein Meisterwerk der Antike; der Beschreiber Niketas greift zu Superlativen. Im Geist des Theokritos und der Geschichte von Daphnis und Chloe war da zu sehen, was die ewige Sehnsucht der Großstädter ausmacht: Hirten-Mittag, Ufer-Freuden, Bade-Scherze und Fischfang, Delphine, Flötenspiel, Baumgärten. Widdersprünge, Melk-Eimer,

Kinderspiele, Eroten: alle die Träumereien der Städter, dieses ihr Nagegefühl, daß das wahre Leben eben doch auf dem Land sei.
Zu jener Zeit war es der Ehrgeiz der Kaiser, die Hippodromos-Feste so fabelhaft wie möglich zu machen. Justinianus, als er noch Konsul war, wandte Millionen für ein Programm auf. Er ließ zwanzig Löwen und dreißig Leoparden auftreten und warb um die Volksgunst. So ein Programm war endlos und bot Jedem etwas. Die Sitzreihen waren, wie einst in Olympia, nur mit Männern besetzt, tausenden; kein Zutritt für Frauen. Es ging zu wie beim Fußball und Stierkampf; Wetten, leidenschaftliche Parteinahme, Vergötterung von Sportgrößen; die beliebtesten Wagenrenner erhielten Denkmäler. Es gab Clowns, es blühte der Mimos. Es gab auch einen Programm-Teil, der Pornai hieß; hier war an den Bedarf gedacht, den jetzt Schmalfilm und Porno-Heft decken. In den Pornai, die spätere Kaiserin Theodora als Starlet.

EIN VORABEND

Solchen Festgewimmels muß gedacht werden, solches Gedränges, solcher Volkswogen, will man dem Massaker am Vortag der Gründung des Domes der Heiligen Weisheit seine Farbe geben.
Freilich herrschte an jenem Tag im Hippodromos nicht wie sonst Volksfest-Stimmung, vielmehr Parteien-Haß, Volksbegehren, Wahlfieber, dieses

Schwappen der Volks-Stimmung, die an einem Tag dahin und am anderen Tag dorthin treibt und die Volks-Abstimmung zu einem Instrument macht, das bedenklich ist. Damals war Massen-Koller und Wollt ihr den totalen Krieg-Stimmung. Der neue Kaiser, der ein Kaiser wider Willen war, Hypathios, saß zwar in der Loge, trug auch den Purpur, aber daß ihm die Volksgunst länger als vorübergehend gehören werde, glaubte er selbst nicht. Er spielte die Rolle, welche Um Schlimmeres zu verhüten heißt; sie muß nicht Lüge, kann ehrlich gemeint sein, gehört aber zu den Dingen, über deren Moral der fünfte Akt zu Gericht sitzt, ein hochverdächtiger Richter. An einen Überfall dachte niemand. Das war der Vorteil der Schwerbewaffneten, die eindrangen, und deren Zahl im Vergleich zur Menge recht klein war. Wir wissen nicht, wer auf den Einfall kam, die Stunde der Volksversammlung zum mörderischen Überfalle zu nutzen. Bekannt genug ist es, daß die Kaiserin Theodora, die geniale Tigerkatze, im Kronrat die Wende gab. Sie war es, welche die Zaudernden mitriß, den Kaiser umstimmte. Sehr verständlich, daß Justinianus ihr diese Stunde sein Leben lang nicht vergaß; sie hat ihm und sich selber Thron und Purpur gerettet. Eine der glänzendsten Epochen der Weltgeschichte, das Zeitalter des Justinianus, das Rechtswerk, das ein Jahrtausend lang vorhielt und länger, sodaß wir noch immer, ohne es recht zu ermessen, davon zehren, die Großbauten, die Kirche der Hagia Sophia, nichts davon hätte stattgefunden ohne den Großmord.

Ob es die Kaiserin in ihrer Rede war, die den Überfall vorschlug, oder die Generale, und wer von denen, die alle zufällig in der Stadt waren, der große Belisar oder der schlaue Armenier Narses oder Mundos, der illyrische Statthalter, wir können es nicht wissen. Es ließe sich schon denken, daß es die Militärs waren, die es vorschlugen. Sie kannten ihre Landsknechte, wußten, daß es Handwerker des Kriegs waren, denen es wurst war, auf wen sie einhieben. Es waren ja Landfremde. Doch wir brauchen das alles gar nicht zu wissen. Der Kaiser war ja der Kaiser. Kein anderer gab die Befehle.

Über trümmerbedeckte Straßen und Plätze, auf Wegen, die uns nicht mehr deutlich sind, da die Archäologie der Türkenstadt nicht so weit ist, wie sie sein könnte, drang die Soldateska über sämtliche Zugänge zu gleicher Zeit in den Hippodromos ein, Belisar durch das Nord-Tor, Narses, Mundos, der Vater, und der junge Mundos durch die anderen Zugänge. Nicht schwer, sich die Lawine von Angst, die Panik, das mörderische Gedräng vorzustellen; wir sehen ja noch die Leerform des Hufeisens, der Schauplatz ist noch da.

Das Entsetzen muß viel länger nachgewirkt haben als die fünf Wochen, die hingingen, bis nach dem Abriß der alten Basilika der Neubau der großen Kirche begann. Unter den Bauarbeitern, Polieren, Bauleitern, Ingenieuren, Architekten, Handwerkern müssen Viele gewesen sein, die Angehörige verloren, irgendwie Zeugen waren, Augenzeugen, Ohrenzeugen.

Wie einfach wäre es, könnte man den Kaiser Justinianus als Tyrannen sehen, der, aus Revolutions-Wirren siegreich hervorgegangen, nur eben an Prachtbauten zu eigenem Ruhm dachte. Aber das geht nicht. Ein Bauwerk, aus solcher Gesinnung entstanden, hätte doch nur ein Etwas von der Qualität eines römischen Triumphbogens ergeben; wozu alsdann Worte.

So war dieser Kaiser nicht, dieser Sieger. Sogar Prokopios, der sein Hasser war, gibt ihm erstaunliche Züge.

Prokopios, ein Palästinenser, ist der Erfinder der doppelten Geschichtschreibung. Er schrieb einmal sachlich und rühmend, amtlich, und daneben, in unveröffentlichter Geheimschrift, alles noch einmal schandmaulend, unterdrückte Widergefühle auslassend. Es ist ein Doppel, das Jedermann von sich selbst kennt, bloß wird das Für und das Gegen meist zueinandergebogen. Prokopios, in genialer Methode, machte doppelte Buchführung; welch eine Gesundheitspflege der Seele.

Prokopios also, Rhapsode und Thersites, lädt in der Geheimschrift allen Seelengroll ab, den er gegen das Kaiserpaar auch hatte. Doch findet sich auf diesem Müllplatz auch Weggeworfenes, das wir aufheben, in der Hand drehen, Bruchstücke, die umso wertvoller sind als es der Haß war, dem sie durchgingen.

Prokopios muß zugeben, daß dieser Kaiser ein Sensibler und Leiser war. »Er war freundlich. Keinem wurde eine Audienz verwehrt, auch nicht Solchen, die man hätte gar nicht vorlassen dürfen, nach der Hof-Ordnung.« Und er gibt Züge, die man nicht erfindet, auch dann nicht, wenn Einer mehr Fantasie hätte als dieser Trockene. »Er war schlaflos, wenn ich so sagen darf, und er aß sich nie satt. Mit den Fingerspitzen nahm er ein wenig Kost auf und erhob sich gleich wieder vom Tisch.« Das ist so, wie man es von Napoleon liest; hier wie dort spürt man den Ärger der Tischgäste, die dann auch aufhören mußten. »Schlaf und Speise, das schien ihm eine Bei-Last des Leibes zu sein; oft aß er zwei Tage lang nichts, nahm bloß Wasser zu sich und ein paar Kräuter.« Daß er von jung auf theologisch passioniert war, ist überliefert. »Er sitzt immer nächtens, ohne Bewachung, im Disput mit den geistlichen Vätern und will den Rätseln der Gotteswelt auf den Grund gehn.« Und es braucht ja nicht erst daran erinnert zu werden, daß es seine lebenslange Leidenschaft war, an dem immensen Bau eines Rechts mitzubauen, selber. Mit einer Geduld, die unerschöpflich genannt wird, kümmerte sich der Kaiser um jedes Detail in den Rechtsbüchern. Auch hier lesen wir, der Kaiser habe in nächtlichen Disputen mit den Juristen, es waren die Klügsten des Reiches, gestritten, so lange, bis die Gelehrten auf ihren Stühlen einschliefen. Doch ließ der Kaiser nicht ab.

Noch nach einem Jahrtausend, als man daranging, das unentbehrliche Schrifttum zum Druck, der soeben erfunden war, einzubringen, waren es, sogleich nach der Bibel, die Wälzer des Justinianus, die man vorzog: das Corpus juris civilis, also den Codex, dann die Digesten, die Institutionen, die Novellen. Wir, die wir es einmal in diesem Jahrhundert ausprobiert haben, wie es sich außer Recht lebt, können das nicht leicht nehmen.

Unter den überlieferten Zügen findet sich freilich auch dieser: »Nie ließ er Jähzorn oder überhaupt irgend eine Bewegung seines Gefühls sehen. Die Augen niedergeschlagen, herabgezogene Brauen, mit zurückgenommener Stimme konnte er den Tod von tausend unschuldigen Menschen und die Vernichtung von Städten verfügen.«

ALSO WAS IST DAS, DIE HAGIA SOPHIA?

Also was ist das, die Heilige Weisheit, der dieser Kaiser diese Kirche geweiht hat? Um dieser Kirche willen muß gefragt werden: Was liegt auf dem Grunde?

Als klassische Stelle für Weisheit müssen die Verse zu Beginn des Ersten Korinther-Briefs aufgefaßt werden. An diese Text-Stelle muß gedacht worden sein, als man sich, ungewöhnlicher Weise, schon zu des Kaisers Konstantinos Zeit und dann wieder, bei des Justinianus Neubau entschloß, der Haupt-Reichs-Kirche, der Kathedrale des Römischen Reiches, den Namen der Hagia Sophia zu geben. Denn es geht nicht, sich eine Namengebung so vorzustellen, wie man das jetzt tut; man gibt ja jetzt seinen Kindern Namen bloß so dem Klang nach, sinnlos. Ohne Ahnung, was das ist: ein Name.

Paulos schreibt: »Christos ist uns von Gott zur Weisheit gemacht«; es gibt keine andere Weisheit. Nur die. »Christos ist die göttliche Weisheit.« So wird unsere Weisheit zum Schweigen gebracht. Paulos zieht zum Zeugen den Profeten Jesaias an: »Ich will die Weisheit der Weisen zu nichts machen, spricht Jahwe, und die Klugheit der Klugen will ich verwerfen.« An die Stelle der Weisheit von Menschen wird also der Glaube an Christos gesetzt. Christos ist die Heilige Weisheit, die Hagia Sophia.

Gott verachtet die Weisheit der Menschen, sagt Paulos; Gott gibt nichts auf das Wissen. Die Weisheit der Menschen ist Sache der schlechten Welt, die ohnehin im Verfall ist, denn die letzten Dinge sind nah. Die Weisheit dieser Welt ist nichtig; so nichtig ist sie, wie die Herrschaft dieser Welt nichtig ist. Denn diese Welt ist verfallen. Verfallen.

Das sind Sätze, in denen brunnentief Anarchie schlummert. Es sind Worte, nach denen gelebt werden kann, so lang Gesetz nicht gesetzt, Gesetzesbruch nicht gestraft, Amt nicht geamtet, Betrieb nicht geleitet, Land nicht regiert, Entschluß nicht beschlossen, Werk nicht gewerkt und Tat nicht getan werden muß. Es ist eine Streik-Parole. So kann eine Wartezeit hingebracht werden; es ist eine Losung des Wartens. Aber kann man immer warten?

Es ging nicht und geht nicht. Paulos, christlicher Untergrund, hatte gut reden. Denn es war ja das Reich noch da, hielt noch, war noch mit seinem Gesetz, seinem Recht da und Paulos zögerte nicht, das Recht anzurufen, als er in Not kam.

»Mein Reich ist nicht von dieser Welt« hatte Christos, die Weisheit Gottes, gesagt. Doch der Kaiser Konstantinos, ganz gewiß ein Großer, ernannte Christum zum Weltherrn, zum Weltkaiser. Christos Pantokrator; ein ungeheuerliches Kopfüber. Und der Kaiser, nun auf einmal, war Vicarius Christi. Christus praesens. Also Mit-Regent Christi. Also auch Mit-Inhaber der Hagia Sophia, der göttlichen Weisheit. Also auch Mit-Inhaber des Zornes Gottes. Also auch Mit-Weiser und Mit-Richter.

Macht, sofern sie Regierungs-Macht ist: sowohl sie innezuhaben als sie zu erdulden: in den meisten Fällen ein Elend. Ist sie da: ein Elend; ist sie nicht da: ein Elend. Wird sie klein und in ständiger Frage gehalten, wie es der Gedanke der Regierungs-Form ist, die wir für das kleinste Übel halten: auch nur ein Elend im Zwischenraum zwischen den anderen.

Damals, der Gedanke Mit-Regent, Mit-Richter, sogar Mit-Weiser Christi zu sein, war offenbar der Versuch, das Elend des Herrschens niederzuhalten, indem man Macht anband an eine Macht, die nicht von dieser Welt war. Es war offenbar ein Teil des großen Gedankens, der sich jetzt zurückzieht: Sinn könne nur von einem Außerhalb dieses Lebens in dieses Leben einfallen.

Das Abzeichen der großen Gedanken ist, daß sie entsetzen, erschrecken. Da Entsetzen nicht dauern kann und Erschrecken etwas Plötzliches ist: das ist wohl ein Grund dafür, daß große Gedanken mit der Zeit matt werden, sich niederlegen und fortgehn.
Wenn man es fertig brächte, den Kopfüber-Gedanken, die grandiose, hochfragwürdige Umstülpung, die darin bestand, daß der Stellvertreter des leidenden Heilands, der die Herrschaft über diese Welt eben gerade nicht wollte, nun auf einmal Pantokrator, Weltbeherrscher sein sollte –: wenn es möglich wäre, diesen Kopfüber-Gedanken ohne den Rost so vieler Jahrhunderte zu denken, so als besäße er noch die Gewalt seines Eintritts: wie müßte er entsetzen.
Wenn es also auch kaum noch gelingen kann, den Gedanken Mit-Regent, Mit-Richter, Mit-Weiser Christi so zu denken, als ob er einträte, so gibt es doch, was der Geolog einen Aufschluß nennt. Wenn nämlich durch eine Verletzung, also in einem Steinbruch oder in einem Bahn-Durchstich auf einmal offenliegt, was vorher verwachsen war.
So ein Aufschluß ist, wenn man das Macht-Wunder des Hagia Sophia-Doms zusammen mit dem Großmord des Januar-Tages bedenkt. Mit dem Verstand nicht zu fassen. Immerhin stellt sich das wieder her: ein großes Entsetzen.

VI

WASSER

Die Stadt des Konstantinos ist ein gleichseitiges Dreieck; zwei Seiten Meer. Da Konstantinopel zwar somit eine Meer-Stadt, zugleich aber auch eine Felsen-Stadt ist, waren sie ohne Trinkwasser. Die Beschaffung von Wasser war eine ihrer Hauptsachen. Und wie es in vielen Leben, also auch im Leben von Städten geschieht, wo eine angeborene Schwäche, wenn sie gestellt wird, sich in eine Stärke verwandelt, wenn also das große Wort des Cervantes: Nimm Kraft aus deiner Schwäche, gelebt wird: das alte Konstantinopel schwelgte in Wasser. Aquädukte durchzogen die Stadt, man sieht davon immer noch etwas, und wenn man ein wenig ins Land fährt, in die waldige Gegend nach Norden, die menschenleer ist, stößt man auf Wasser-Speicher und Wasser-Brücken, enorme Bauwerke. Es scheint, daß man sich an diesen Wasser-Festungen begeisterte und an ihrem Anblick berauschte; daß man mit unterirdischen Röhren dasselbe hätte erreichen können, wird man schon gewußt haben. Die Neuzeit legt dergleichen als Mangel an Technik, also als Mangel an List aus. Doch man baute eben dem Wasser gern Denkmäler.

In der Stadt des Justinianus sprangen eintausend und dreihundertzweiundfünfzig Brunnen und man war stolz auf sie. Es gab Thermen. Und jetzt noch kann man einige der riesigen Zisternen begehen, so die in der Nähe der Hagia Sophia und der Sultan Achmed Moschee, die der Versunkene Palast heißt.

Kein Reisender seit alten Zeiten, der nicht diese unterirdischen Wasser-Schlösser beschrieb, ihre verwunschene Stille, ihre Wälder aus Tempel-Säulen, ihren Hall von fallenden Tropfen, da das Verdunstete ja nur bis zu den Gewölben gelangt, um dann wieder niederzufallen.

Einige dieser unterirdischen Wasser-Kuben kannte man immer; andere wurden erst in unseren Jahrzehnten gefunden. Einige sind halb gefüllt, andere trocken; in den meisten hat sich bis zur Hälfte Sinkschlamm niedergeschlagen, so daß von Jerebatan Serai, dem Versunkenen Palast eben, das Gerücht geht, ein Schwimmer, als er zu stehen versuchte, sei spurlos verschwunden. Kann schon sein. Andere, die offen liegen, sind jetzt Fußballplätze und Kleingärten. Andere ruhen, ohne daß der Geher droben es ahnt, unter Kirchen, Moscheen und Plätzen; so sind unterm Hippodromos und beim Myrelaion welche. Man zählt sechzig solcher jetzt ungenutzter, aufgelassener Wasser-Paläste, sodaß, während man durch die lärmigen, drängelnden, unzufriedenen Straßen geht, man sich erinnern kann, daß diese Stadt so gedacht war: daß sie tief unter sich diese ruhenden Einschlüsse hatte, diese Kammern voll Quellwasser, von keinem Luftzug beunruhigt, von keiner Strömung bewegt, ruhende, wartende Wasser.

QUIRLWASSER

Im fünfzehnten Gedicht des Lau Dse wird das Leben der Weisen beschrieben. Es scheint, daß dem Gedicht die Einsicht zu Grund liegt, daß es auf Weisheiten weniger als auf Weise ankomme.
Die Weisen, so heißt es, seien behutsam wie Jemand, der im Winter einen schollentreibenden Strom überquere. Sodann: sie seien abgeschieden wie Jemand, der sich um die, die ringsum leben, nicht kümmere. Sodann: sie seien immer zum Aufbruch bereit wie Strom-Eis, das aufzugehen im Begriff ist. Sodann: sie seien ursprünglich herzhaft wie Kantholz. Sodann: sie seien aufnehmend wie eine Talschlucht. Sodann: sie seien schwer zu ergründen wie Trübwasser.
Dieses Wort Trübwasser macht Schwierigkeit. tscho lautet das chinesische Zeichen; die Wörterbücher, welche die chinesischen Zeichen in englische und französische und deutsche Münze einwechseln, bieten an: trüb, schlammig, schmutzig. Und zuvor, für schwer zu ergründen, steht hun, das ungefähr dasselbe bedeutet: trüb, modderig, schlammig.
Was soll man damit anfangen? schwerverständlich? dunkel? schwer zu ergründen wie Meister Eckhart, Angelus Silesius, Heraklit, Hamann? Wohl, dennoch befremdlich: die alten Denker Schlammwasser? Ihre Schwer-Ergründlichkeit Faulschlamm?
In den folgenden Versen zieht das Gedicht seinen Knoten. Da scheint es zu sagen (und zu mehr als

einem Scheinen wird es bei solchen Gedichten nicht kommen):

> Wer ist im Stand, das Trübe durch Stille zu klären?

oder:

> Wer kann so viel Stille aufbringen, wie nötig wäre, um das Undurchsichtige zu klären?

Also Stille als das Vermögen, welches Trübwasser klar macht. Und weiter heißt es:

> Wer vermag Stille so auszuhalten, daß sie Lebendiges austrägt?

Paul Carus, Deutsch-Amerikaner im vorigen Jahrhundert, Sohn des berühmten romantischen Arztes in Dresden, las das Schriftzeichen für Trübwasser anders. Er, der viele Jahre zusammen mit japanischen Denkern über den Text des Lau Dse sann und der als Erster die Lehren des chinesischen Weisen mit Buddho, Augustinus und sogar Jesu-Worten verglich, übersetzte: Strudel und Wirbel. Also nicht Trübwasser. Er sah sprudelndes, wirbelndes Wasser, das klar ist, aber nicht zu durchschauen. Quirlwasser.

Da stellt sich denn eine andere Szenerie ein. Ein Bergbach. Man kann die Steine im Bachgrund nur undeutlich sehen; sie wanken im darüberschießenden Wasser, vergrößern sich im Konvexen, scheinen kleiner im Hohlen, ändern sich ununterbrochen. Dazu hoher Himmel und Kühle. Und Bergluft.

Wenn Carus recht hat, so wäre die Wohnung des Bilds ein Gebirg-Tal, wie es auf chinesischen Rollenbildern gemalt wird. Ein Wildbach. Wildwasser,

Klarwasser. Felsen, Bambus, kurzrasige Bergwiese, ein Holzsteg. Dazu Einübung in Berg-Stille. Denn es wird deutlich, daß Stille aufgebracht werden muß, bis das Bach-Rauschen als Stille gehört wird. Mit Stille kann ja nicht Totenstille gemeint sein; es ist Stille in Spannung. Bach-Rauschen ist, was die Stille erst hörbar macht, wie die Zikaden die Mittag-Stille im Süden.

Noch Anderes gibt dieses Bild her. Immer, wenn Stille gesagt wird, besteht die Gefahr, daß Beharren und Stillstand gemeint wird. Das darf nicht sein. Dem muß der Vers, der auf das Schwer-Ergründliche folgt, vorbeugen. Gewonnene Stille, so sagt er, ist nichts, wenn nicht das Weiter-Eilen darinnen ist.

> Wer vermag Stille so in Spannung zu halten, daß
> sie Lebendiges austrägt?

Bergwasser, in granitgrauen Gumpen zu vorübergehender Stille gekommen, trägt den Weiterfall in sich. Was im ausgeschliffenen Granit-Becken still ruht, wäre so klar nicht, wäre es nicht im Strudel durchperlt und durchsäuert, durchlüftet.

Wäre sonach nicht an Trüb-Wasser, vielmehr an Wirbel und Wallen und Strudel zu denken, so kann es uns recht sein. Wird das Gedicht in Alpenhöhe gehoben: mir soll es recht sein. Ein Wildbach im Allgäu, in Kärnten, auf Kreta, auf den Peloponnes-Bergen, wo immer es gewesen sein mag, daß man in so ein Wasser gestarrt hat: da weht aus dem alten Gedicht Würzduft der Matten, Kühlhauch der Schneeberge.

Ist man bis zu diesem Punkte gelangt, so könnte man

bereit sein, die Dinge tiefer zu legen. Vielleicht kommt es weniger darauf an, was beweisbarer sei: ob Quirlwasser? ob Trübwasser? Vielleicht ist es nicht nötig, sich dafür oder dortfür zu entscheiden; vielleicht ist es besser, das Eine und auch das Andere im Aug zu behalten. Nicht dieses Entweder Oder, ohne das es bei uns selten abgeht, das europäische Laster.

Dann wäre es wichtiger, aus dieser Stelle eine andere Erkenntnis zu schöpfen: Daß ein Gedanke nichts wert sei so lange er keinen Ort hat. Keinen Ort und kein Schicksal. Keinen Körper mit Freuden und Schmerzen. Es gibt keine landlose Wahrheit.

Wahrheit bildlos, körperlos, schicksallos, ortlos: Das reicht nicht zum Rang einer Wahrheit. Ein landloser Gedanke, ein kraftloser. Etwas Welt muß in eine Wahrheit eingebracht werden, sonst ist sie keine; ihr Finder muß irgendwo gelebt, gesehen, geatmet haben; das muß dabei sein. Eine Wahrheit muß das Zeitliche segnen können, wie man früher gesagt hat; sonst bleibt sie weltlos. Die Welt ist so dürr geworden, weil sich so viele hergestellte Gedanken herumtreiben, ortlos und bildlos.

VII

NACHTS, SCHLAFLOS

Wenn man nachts aufwacht in Stambul und eine Zeit lang nicht wieder einschlafen kann, begreift man: Das Pfeifen, das von der nächtlichen Straße heraufdringt, ist regelmäßig, nicht zufällig und hat sein System. Aber welches? Alle paar Minuten ein Pfeifen aus Triller-Pfeifen, rollt wie aus Knaben-Zeiten herauf. Setzt kräftig ein, danach melancholisch abschwellend, und nicht lang danach fern eine Antwort, wie im Frühjahr, wenn sich die Amseln von den Dachfirsten ihre Gebiet-Ansprüche zuflöten. Das durchwächst den Schlaf und den Halbschlaf.

Es sind gemietete Wächter, eine alte Zunft, mit alten Gesetzen. Ein Häuserblock mietet sich einen, der geht die ganze Nacht um den Block, in die Höfe, die Hausflure, die Gärten, sieht nach dem Rechten und pfeift. Ob es nun so ist, daß die Bezahler auch wissen möchten, daß er wirklich geht und paßt und nicht sitzt und nickt: er ist gehalten, von Weile zu Weile zu pfeifen. Oder ob es zu seiner eigenen Sicherheit ist, denn es könnte ja sein, daß ihm selbst etwas zustößt; der Kollege vom Nachbar-Viertel muß wissen: Bei mir noch alles in Ordnung. Und bei dir?

Die Lektüre des Koran enttäuscht. Und was soll man mit einem Jenseits anfangen, das weiter nichts als ein Schlaraffenland ist, in welchem es außer dem süßen Reisbrei auch süße Mädchen, recht viele, gibt und liebesfertige Knaben, die alten arabischen Träume? Aber im Leben des einfachen Moslem sind Zü-

ge, die man bewundern muß und die wahrzunehmen beschämt; bei uns kam dergleichen abhanden. Viel Menschen-Freundschaft, viel Nähe. Man ist ein paar Wochen da und ist eingemeindet; Gast, der dazugehört. Günajdin, hodscha. Guten Tag, Lehrer. Lehrer ist Inbegriff. Es ist die Menschen-Nähe der Griechen, die ich hier wiederfinde. Das ist wie hundert Jahre zurück.
So scheint das Triller-Pfeifen zu sagen: Noch ist das Unglück nicht da. Nur Ruhe, schlaft wieder. Katastrofe noch eine Weile verschoben, werde wieder pfeifen. Seid ruhig.

HOLZHÄUSER

Mag sein, daß der Pfeif-Dienst mit den Bränden zusammenhängt, von denen diese Stadt wie kaum eine andere heimgesucht war, durch die Jahrhunderte, sodaß man meinen könnte, das Daimonion dieser Stadt sei das Brennen. Von jeher war sie von Bränden durchfeuert, Flächen-Bränden. Einmal war es ein Pökelfisch-Laden am Goldenen Horn, in dem Feuer ausbrach, und es fraß sich bis zum Marmara-Meer durch die Stadt, breitmäulig. Das war zu Kaiser Leos des Ersten Zeit, im fünften Jahrhundert. Im sechsten, während des Nika-Aufstands: ein Großbrand. Es brannten Staats-Gebäude, Thermen, die alte Hagia Sophia, die Hagia Eirene, die große Bibliothek, Spitäler, Freudenhäuser und Gasthäuser.

Türken-Zeit, Zeit der Holzhäuser; die Sultane schätzten nicht Steinhäuser, in denen die Bürger sich hätten können gegen die Janitscharen zur Wehr setzen. Der böhmische Reisende Dernschwam, also Dörrenschwamm, Trockenschwamm, der ums Jahr 1550 sich als Sechzigjähriger zur beschwerlichen Reise durch Ungarn, den Balkan nach Konstantinopel und weiter nach Anatolien entschloß, zwei volle Jahre, davon ein Jahr in der Hauptstadt, und der alles, was er sah und sich sagen ließ Tag für Tag fleißig aufschrieb, mehr als dreihundert und fünfundachtzig Folio-Blätter, eine Handschrift der Wolfenbütteler Bibliothek, sah zwei Flächen-Brände. Einmal, so schreibt er, kam Feuer aus in der Küche eines Schmalz-Krämers, der nächtens und heimlich ranziges und frisches Schmalz zusammenkochte; tausend Häuser brannten, auch das Gefängnis, in dem einige hundert Gefangene einsaßen in Schuldhaft oder wegen Völlerei, Hurerei und anderem; die Janitscharen ließen die Männer laufen, die Frauen nahmen sie an sich.

Die Janitscharen. Als Christen-Knaben, wie bekannt, aus ihren Familien gestohlen, aus Ungarn, aus dem Balkan, aus Griechenland, aus dem alten byzantinischen Reich also, ihrer Herkunft entflochten, islamisiert, radikalisiert, zu einer brutalen Truppe erzogen: die Janitscharen allein durften löschen. Da sie beim Löschen und Niederreißen von Häusern stahlen: ihnen konnte es nicht oft genug brennen.

Alle Reisenden der alten Zeit erzählen von Flächen-Bränden. Im Jahr 1660 ließ ein Schreiner seinen

Leimtopf überlaufen, die Stadt brannte drei Tage, vierzig tausend Häuser verbrannten. So brannte es viele Male mit Lust, eigentlich brannte es immer. Der älteste Baedeker für Konstantinopel, er ist aus dem Jahr 1905, weist auf dem Stadtplan Brand-Felder aus: quadratmeilengroße Flächen. Baedeker spricht von einem Großbrand im Jahr 1865, der lange nicht überwunden wurde, aber auch 1911 verbrannten 2224 Häuser, dreihundert Geschäfte und sechzehn Moscheen, und im Mai 1918, zum Jahres-Fest der türkischen Eroberung der Stadt, einem Tag, den immer noch, nach fünfhundert Jahren Türken feiern und Griechen beweinen, brannte ein Stadt-Drittel. 1941 brannte das Fanar-Viertel, und merkwürdig, den ersten Abend, den ich in Istanbul war, mitten im alten Stambul wollte ich wohnen, nicht drüben am Taxim, in Pera, wo die Reisenden unter sich sind, sah ich zwei Häuser-Brände. Viel Menschen in engen Gassen und die Feuerwehr, die mir reichlich antik schien. Auch der Stolz Istanbuls in unseren Tagen, das neue Opernhaus droben am Taxim, machte es wenig mehr als ein Jahr, bis es ausbrannte. Nicht wenige Bau-Leute aus Westen, die den Neubau besichtigt hatten, es ist alte Architekten-Freundschaft zwischen Deutschen und Türken, Klemens Holzmeister, Bonatz, hatten über das Gewurstel der Leitungen die Köpfe geschüttelt und geäußert: Keine Angst, daß das mal aufbrennt?
So sieht man an den alten und schönen, ehemals vornehmen Holzhäusern, wie man sie an der Serail-Mauer oder unterwärts Sultan Achmed oder um

die Pantokrator-Kirche oder am West-Hang der Süleimanje findet, Leitungen in Knäueln an die Hauswand genagelt und fragt sich, wie sie eine Nacht ruhig schlafen. Das uralte und ausgedörrte, niemals gepflegte, niemals getränkte Holz scheint zu warten: wann endlich darfs brennen?
Konstantinopel, die Holz-Stadt, sagt Fallmerayer. Man muß die alten Kupferstich- und Stahlstich-Werke zu Rat ziehen wenn man begreifen will, wie fantasievoll die Holzhäuser waren, die jetzt im Schlußverkauf da sind. Das anmutige Buch der Miss Pandoe mit den Stahlstichen von William H. Bartlett, London 1839, und der berühmte Voyage en Grèce des Grafen Choiseuil-Gouffier, welcher Gesandter Frankreichs an der Pforte war, einer der ersten Liebenden des griechischen Landes, welcher Zeichnungen vom Lothringer J. B. Hilaire stechen ließ, Paris 1809, und das schöne Kupferstich-Werk des Deutschen Melling, das in Paris 1815 erschien –: da kann man lernen, daß diese Stadt gänzlich anders gedacht war. Die großen Moscheen, die meisten von ihnen von Griechen gebaut, Anthemios von Tralleis und Isidoros von Milet für die Hagia Sophia und die wohl ebenso geniale, verschwundene der Hagioi Apostoloi, Vorbild für San Marco, dann Christodoulos, der Architekt der Fatih-Moschee, schon durch seinen Namen als Grieche ausgewiesen, dann der geniale Sinan, der ein Janitschar war, also ein Beute-Türke aus dem alten byzantinischen Reich –: die Moscheen mit bleiern, wie geschmolzen schimmernden Kuppeln, Minarehs und steinernen Zubauten,

Schulen, Bibliotheken, Apotheken, Herbergen, Armenhäusern und Krankenhäusern und Irrenhäusern, Bädern und Volksküchen, lagen auf den Stadthügeln wie Burgen des Glaubens, der Erziehung und der Fürsorge und waren die einzigen Stein-Bauten über einem Gewimmel von Holzhäusern.

Diese Holzhäuser, leicht, wenig Möbel, vergaßen das Zelt nie, mit dem dieses Volk aus Innerasien herkam. Auch wenn diese Holzhäuser reich waren, hatten sie das Vorübergehende, Zeitliche, Leichte, das wir als Zug des Bauens wiederum schätzen, an Stelle der sicheren Burgen unserer Großväter, deren Sicherheit nicht mehr wahr ist. Zu drei Vierteln bestanden diese Holzhäuser aus Fenstern, so wie man erst wieder in unseren Tagen baut; Beton und Thermopane geben statische und thermische Freiheit. So waren die Bosporus-Ufer bebaut: geschnitzte Fassaden, Fenstergitter der Frauen-Zimmer, Gondel-Pfähle und Marmor-Stufen, man denkt immerzu an Venedig.

Beton, ein fantastischer Bau-Stoff; Fantasie und Kühnheit, das braucht er. Verweigert man die ihm, wird er stumpfsinnig, fällt in die platteste Plattheit, denn das kränkt ihn. Die Kränkung widerfährt ihm überall dort, wo man nachahmt. Das ist hier wie in den vielen Städten, denen man die Uniform der Neuzeit unbedacht anzieht. So wird das alte Stambul jetzt schnell in eine Beton-Stadt verwandelt; im Hand-Betrieb, im Familien- und Feierabend-Betrieb wird ein Viereck-Element auf das andere gepatzt, schnellfertige Hochhäuser, ohne Wesen.

Viele Leute kommen nach Istanbul, weil sie die Liebes-Erklärungen ihrer Väter und Großväter an diese Stadt vag im Kopf haben; so etwas hält sich. Konstantinopel, geheimnisvoll, Orient, alles anders. Dabei ist es doch europäische Vorstadt geworden, das Goldene Horn ist ein Öl-Horn, Rauchschwaden, Abwasser. Die Moscheen sind verqualmt; die Entzauberung des Gebildes, das einmal die Stadt hieß, nähert sich der Vollendung.

AUF DEM VIERTEN HÜGEL

Ich saß auf der niedrigen Mauer vor der Moschee Mechmed des Eroberers, der Fatih-Dschami, weniger interessiert am Moschee-Inneren als am Ringsum, den lang gestreckten Medresen, Schulen und anderen Einrichtungen sozialer Fürsorge, die dort sehr gut erhalten sind, noch mehr interessiert am Verweilen auf diesem Vierten Hügel der Stadt, auf dem die Gefräßigkeit der Geschichte sich so austat. Saß da in der Mai-Sonne.

Eine Gruppe französischer Damen und Herren trat auf, geführt von einem Beamten der französischen Botschaft, der gewiß noch nicht lang in der Stadt war. Denn, nachdem die Gesellschaft eine Weile ausgeschaut hatte, offenbar ratlos, fragte man mich, wo man cent sapoter finde. Da mein Begreifen leider nicht das behendeste ist, brauchte ich eine Weile, bis ich einsah, daß sie die Kirche der Hagioi Aposto-

loi suchten, die sie Saints apôtres nannten, und ferner, daß ihnen entging, daß das Bauwerk schon mehr als fünf Jahrhunderte nicht mehr da ist. Mechmed der Eroberer, ließ die glorreiche Schöpfung einreißen und hat die auch wieder verschwundene, abermals durch einen Neubau ersetzte, wenig bedeutsame Fatih-Moschee zu seinen eigenen Ehren an ihre Stelle gesetzt. Dabei war die Kirche der Hagioi Apostoloi das andere justinianische Bau-Wunder der Hauptstadt, zudem Grab-Kirche der Kaiser, zudem das Vorbild des Doms von San Marco, wie wir denn überhaupt in Venedig fast mehr vom alten Byzanz als in Istanbul selbst finden.
Als ich begriffen hatte, kam mir die Phrase zu Sinn, die man, in Frankreich reisend und Schlösser und Kirchen besuchend, so formelhaft oft hört, und ich klagte: Disparu dans la révolution, womit ich die Gunst der Gesellschaft verschleuderte, die mich für töricht hielt, gekränkte Mienen zeigte und abging.
Eine Viertelstunde mußte erst hingehen, bis das Vorige sich wiederherstellte. Die Franzosen formen das Griechische, das ihrem Römergeist fernliegt, nach ihrem Geschmack um. Das könnte hingehn; auch wir bestehen auf Mailand, Venedig, Florenz und Neapel, wir Italien-Fahrer seit Urzeiten. Was jedoch nicht zu verstehen ist: daß wir es den Franzosen und ihrer Verformung griechischer Namen nachtun. Sogar Philologen, die sich doch Liebende des Worts nennen, hört man Achill und Apoll und Orest und Thyest sagen, Schmetternamen mit Schluckauf. So

werden aus Achilleus, Orestes, Apollon aalglatte, polierte Marmor-Canovas. Homer und Horaz, Hesiod, Herodot und Catull und Properz und Ganymed und Hephäst und was alles. Ich denke, daß das aus den Tagen Friedrich von Schillers herkommt, und von Racine und Corneille.

VIII

GOLDENE WORTE

Top Kapi Sarai, das ist der Sultan-Palast, der auf dem Hügel der einstigen Akropolis liegt; da kann Einer sehen, was Türkenmacht einmal war. Die unglaublichen Schätze, die sich dort stapeln, Porzellane Chinas und Japans, Sachsens, Österreichs und Frankreichs, die Gläser, Uhren, Waffen, Kleider und Prunkwagen und die Gold-Sachen sind Geschenke, die dem Sultan von den Höfen aus Osten und Westen gebracht wurden.

Der Besucher-Strom geht ununterbrochen. Gold-Sachen ziehen ja immer; ich wußte es vom Grünen Gewölbe in Dresden her, wo Preziosen die Grenze des guten Geschmacks bedenkenlos überschreiten, aber das stört die Besucher nicht; ihre Zahl war dort immer größer als in den anderen Sammlungen Dresdens, auch als bei den weltberühmten Gemälden. Nicht das Schöne, das Teuere bringt die Leute zur Andacht; am Glanz fürstlicher Verschwendung möchten sie teilhaben. Es muß auffallen, daß man an solchen Plätzen nie Worte des Neids hört, auch nicht Sätze, die dahin gehen, das viele Geld hätte doch nützlicher angewandt werden sollen. Was ist Nutzen; man sieht ja, sie ziehen Nutzen, indem sie staunen, bewundern. Sie könnten auch sagen: Glückliche Zeiten, in denen das Geld an die Handwerker ging; jetzt geht es an die Physiker, die um der Wissenschaft willen aus der Erde eine Grube der Angst machen.

In den Sälen mit den Gold-Sachen fiel mir ein

Mensch auf, der in der Mitte der Stirnseite des Hauptraums mit dem Rücken zur Wand starr und still stand. Er war etwa dreißig, vollmondig, Schwarzaugen und ich dachte, daß er ein Polizist in Zivil sei.

Auf einmal löste sich seine wachsoldatische Starre, er kam durch die wuselnde Menge auf mich zu, stellte sich neben mich vor die Tisch-Vitrine, legte stumm den Finger aufs Glas über eine Stelle, wo eine Tasse lag. Er zwang mich so, dorthin zu sehen. Es war eine Kaffeetasse, die ganz aus Smaragden bestand, wahrhaftig aus lauter Smaragden; der Smaragd ist bekanntlich das teuerste unter den Edelsteinen, wenn man von Diamanten absieht. Die Steine waren zur Tassen-Höhle dadurch zusammengehalten, daß aus Gold-Spanten ein zartes Gerippe gebaut war, wie man es auf Bootswerften sehen kann; dort sind es hölzerne Spanten, zwischen die später die Schiffshaut getan wird. Hier waren es Gold-Spanten. Zwischen sie waren Smaragde gesetzt, ein Smaragd auf den anderen, ohne etwas dazwischen, sodaß unten, gegen den Tassenboden, die kleinsten zu liegen kamen, und nach oben, wenn die Spanten auseinander liefen, immer größere. Also, wer aus der Tasse trank, trank aus Smaragden.

Vielleicht hätte ich, da in solchen Schatzkammern ein Stück dem anderen feind ist, die Tasse nicht genau genug angesehen ohne seinen Geheimtip, der mich unter so vielen offenen Geheimnissen auf dies hinwies. Der Mann ließ den Finger liegen, bis er den Eindruck hatte, ich habe genügend gewürdigt;

dann sah er mich mit einem schwarzen und tiefernsten Blick an, ging und stand wieder Posten.
Ich war bis zur dritten Vitrine, von der smaragdenen Tasse gerechnet, gedrungen, da kam erneut Leben in seine wachsoldatische Starre. Als werde ihm augenblicklich ein glänzender Einfall zuteil, drängte er sich durch die Leute auf mich zu, ergriff mich mit Daumen und Zeigefinger am Ellenbogen und lenkte mich in die Raum-Mitte, wo ein Sultan-Thron unter Glas stand. Es war eigentlich weniger ein Thron, wie man sich einen Thron denkt, als vielmehr eine Wanne, oval, mit Bordwand; man konnte da sitzen, hocken, im Schneidersitz kauern, auch liegen. »Look«, sagte der Mann, und erst auf den zweiten Blick sah ich, daß das Ding mit einer irren Anzahl von Edelsteinen und Perlen bestückt war. »Look here: Ein - hun - dert - tau - send Ru - bi - nen! Zwei - hun - dert - vier - zig - tausend Sma - rag - den! Ein - hun - dert - tau - send Per - len! Vier - zig Ki - lo - gramm Tur - ma - lin!« Er pausierte. Dann, mit schnellem Atemziehen und der Entschlossenheit, mit welcher auf Auktionen ein Bieter ein letztes verrücktes Gebot dem Versteigerer vor den Fuß knallt: »Einhundertfünfzigmillionendollars!«, schlug sich auf den Schenkel, als wenn er einen tollen Männerwitz gehört hätte, den Aberwitz der Menschheit, schüttelte den Kopf, lachte kurz, rieb sich die Hände und ging wieder.
Ich sah eine Halskette an, deren nelkenbraune Kugeln so von Goldstaub durchsetzt waren, daß der Blick in jede einzelne Kugel wie der Blick in einen

Nachthimmel war, wozu da noch Mondfahrt. Da kam er wieder und zog mich vor einen Koran, der in einer Gold-Kassette verwahrt war, von enormer Größe. Die Kassette war mit Rubinen und mit Smaragden besetzt und das Gold war mit Filum granum kostbar gemacht; wie man weiß, sind das winzige Goldkörner, die auf den Goldgrund geschweißt sind, gloriose Übung byzantinischer Goldschmiede.

Der Mann tupfte mit dem Finger auf die Glas-Scheibe, hinter welcher der Elefant aus Gold stand, schwieg lange, während er den Blick nicht vom Gold wandte, als ob er ihn nicht wegbringen könne, als ob er die Preziose zum allerersten Mal sähe und fasziniert sei, dann flüsterte er mir im Verschwörer-Ton zu: »Zwan - zig Ki - lo - gramm rei - nes Goooold!«, machte die Augen groß und ließ den Ton traurig abfallen, wehrlos vor der Unfaßbarkeit solchen Wunders.

Aber dann erhellte sich seine Miene und, als habe er, zu plötzlicher Freude, jetzt erst, nach so vielen Jahren, bemerkt, was ihm vorher entgangen war, nie aufgefallen, jetzt für ihn und für mich eine Freude, stieß er den Zeigefinger quer durchs Gewimmel gegen eine Vitrine am anderen Saal-Ende. Eine Wiege. Eine Wiege, wahrhaftig. Eine Gold-Wiege, kleiner als man Wiegen je sah, auf den Tisch zu stellen, ein Brotkorb. Wie ein Trog, in den man den Brot-Teig gibt, bevor man ihn einschießt in den Backofen. Sie war über und über mit Goldblech beschlagen, Rosen-Muster gepunzt und gestromte Goldranken, und Smaragde, Diamanten, Rubine.

Veilchen-Samt innen. Unterseitig ein Abzug, wo er hingehört. Rosa Zudecke, die gänzlich mit Perlen besetzt war.
Armes Kind. Armer Junge. Wenn so ein Sultan-Sohn später zu Thron kam, so empfahl es sich, bewährte sich und wurde durch Jahrhunderte so gehalten, daß alle seine Brüder und Halbbrüder, das ganze Harem-Gelege, Produktion eines Sultanats eben, erdrosselt wurden. Es war besser. Denn was die verschiedenen Mütter im brodelnden, verfetteten, schwabbelnden, mit nichts beschäftigten Harem im anderen Falle an Bosheit, Listen, Verschwörung ausgeheckt hätten, wäre noch mörderischer gewesen.
Doch war, in dieser Vormittag-Sonnen-Stunde kein Bedarf an so schauderhaften Geschichten. Der Mann strahlte die Wiege, ihr Gold, ihre Süße, ihr Glück an. Da er, wie alle Museums-Aufseher der Welt, von Langerweile bedroht war, hatte er die Kunst ausgebildet, jeden Tag neue Überraschung zu spielen. Er bewahrte sich auf diese Weise davor, in Haß zu fallen gegen die Dinge, deren Gefangener er war, und erreichte zudem, immer irgendwem Vergnügen zu machen, das auf ihn zurückfiel. Es war seine Philosophie eben. Sie widerlegte sich keineswegs durch den Umstand, daß ich, als ich den Saal verlassen wollte, nah am Ohr hörte: »Ein kleines Geschenk bitte?« Wer gibt da nicht gerne.

In den Sälen des Sultan-Palastes, in denen sich Gold und Juwelen so verrückt drängen, war ich an den Goldschmuck erinnert, den Salvador Dali in seinen späteren Jahren gemacht hat.

Da gibt es ein Herz, das aus lauter Rubinen besteht, ein kleiner Rubinen-Sack, rubinener Herzbeutel, Kettenhemd aus Korunden. Durch ein verborgenes Elektromotorchen wird es dahin gebracht, sich viele Male in der Minute zu raffen, in kurzen Schlucken. Man wartet vom einen Herzschlag zum anderen, kann den Blick nicht abziehen, muß sich sagen, daß man unter so vielen gemalten heiligen Herzen, die man gesehen hat, keines so opferbereit fand, und ist dennoch gezwungen, an gefährliche Operationen zu denken, an chirurgische Filme, in denen man ein schlagendes Herz sah.

Dali hat erkannt, daß im Gold das Verrückte wohnt, das er zu seinem Lebens-Thema gemacht hat; das schöne Verrückte. Er erkannte, daß das Gold die Neigung zum Kippen hat, auf die es ihm ankommt.

Das Exakte von Salvador Dalis Malweise stellt eine Welt hin, die genau bekannt ist, eine ausgeforschte, ausgeleuchtete Welt, berechenbar und gefüge. Doch das wird um Hohnes willen gemalt. Denn es geschieht Unvorhergesehenes.

Die Sonne der Ratio. Es ist eine schwarze Sonne geworden. Die Welt sollte ausgerechnet, ausgeforscht und verfügt sein, in Besitz genommen. Doch in einem Wortsprung und Sinnsprung wurde aus dem Besitz ein besessen.

Es ist derselbe Wortsprung und Sinnsprung, wie ihn das berühmte dreiundvierzigste Blatt der Caprichios von Goya hat. El sueño de la razon produce monstruos. Goya meinte: Der Schlaf der Vernunft gebiert Ungeheuer; wenn die Vernunft schläft, geschieht Ungeheuerliches, Monströses. So ist es. Doch die Zeit, die seitdem vergangen ist, ließ den Satz kippen. Da somnium, und also auch sueño, von jeher sowohl Schlaf wie auch Traum heißt, schiebt sich jetzt der unheimliche Doppel-Sinn vor, der in dieser Schriftzeile auch ruht: daß der Traum von der Welt-Ausrechnung Ungeheuer gebäre.

IX

PRINZEN-INSELN

Ich war ohne Erwartung auf die größte der Prinzen-Inseln gefahren; die Prinzen-Inseln liegen im Marmara-Meer eine Schiff-Stunde weit von der Galata-Brücke und Serai-Spitze; sie heißen Prinzen-Inseln, Prinkipi, weil man in alter Zeit dorthin unliebsame Glieder kaiserlicher Familien, Prinzen, Prinzessinnen, Kaiserinnen, Schwiegermütter verbannt hat; die Inseln besaßen mehrere Klöster, die gut dafür waren.
Als ich den Fuß von Schiff auf Land setzte, erkannte ich, daß ich in Griechenland war. Ich kenne das doch: das war eine griechische Insel. Wer immer auf einer der zweitausend griechischen Inseln unterwegs war, wenn es nicht eine von denen war, die der Massen-Zustrom von Reisenden deformiert hat, weiß, was ich meine. Festzustellen, daß alles adrett, weißgekalkt und vergnügt ist, das reicht nicht; mit Attributen ist da wenig zu machen. Eher schon, wenn man aus Erfahrung und durch den Vergleich weiß, daß jede dieser Inseln eine unverwechselbare Person ist, daß jede ihre eigene kleine Gottheit hat: wie unglaublich in einer Welt, die auf die Uniform zurennt. Und, was auch selten wird, daß jede dieser Inseln damit begabt ist, Glück mitzuteilen, sofort, beim Betreten, über die Sohlen, und daß es auch vorhält. Große Worte; nicht zu groß, wie ich meine.

Wenig Schritte aus der kleinen Hafenstadt hügelauf, und ich lief in Kiefernwald. Wie gut ich den kannte. Pinus halepensis, die See-Kiefer; alles ist krumm an ihr, krumm die Stämme, die nicht sehr hoch werden, krumm die Zweige und krumm die Wurzeln, die zuweilen aus dem trockenen Boden herausschaun. Als Miró damit umging, farbige Holzschnitte zu Gedichten seines dahingegangenen Freunds Paul Eluard zu machen, also schönste Holzschnitte, versteht sich, außerordentliche, eine Arbeit nicht wie andere Arbeiten, da schrieb er an seinen Verleger: Schon weiß ich, ich muß von diesen krummen Kiefer-Wurzeln ausgehen.
Diese Kiefer-Art, die viel Licht und viel Wärme fordert, behält den trockenen Sommer über ein Hellgrün. So scheint das ganze Jahr über Frühling zu sein, und Harzduft, Harz-Rinnen, und Windharfen-Sausen der langen Nadeln im Meerwind. Da es gegen Mittag ging, begannen die Zikaden zu schrillen.
Ata Türk, der Türken-Vater war ein Beschützer der Bäume; jeder Diktator im entwaldeten Süden denkt so. Ata Türk setzte schwerste Strafen für Baumfrevel und, was noch stärker spricht: Für jedes andere Vergehen, für jedes Verbrechen war Gnade möglich, ausdrücklich keine für Baumfrevel. Denn nicht der venezianische Schiffsbau, wie immer gesagt wird, wie ich aber nicht glaube, hat die Länder am Mittelmeer zu halben und ganzen Wüsten gemacht, ehemals Fruchtländer; aber die mangelnde Hege. Wald ist Sorge. Wald ist Zukunft, Vorsorge; Wald ist lang-

mütig, Wald ist für Enkel und Urenkel. Fremdherrschaft, gesunkener Mut, gleichgültige Wirtschaft, aufgegebene Hoffnung, und der Wald kümmert.

Ich lief ohne Weg über Höhen. Die Insel ist ein Doppel-Hügel; zwei Male geht es auf etwa zweihundert Meter hinauf. Immerfort Kiefern; aber man wird sich schwerlich verirren; Überblick ist immer. Denn was nach unserem Verstande ein Wald ist, Wald-Dunkel, Wald-Feuchte, kommt am Mittelmeer nicht zu Stande; Nährduft verrottenden Laubes, modernde Baum-Stümpfe, Unterholz, Dickicht und der verschluckende Schoß unseres Märchenwaldes: daran ist in keinem Falle zu denken. Man müßte zu dem, was dort ist, eher Hain sagen, wäre das Wort, das einmal so viel bedeutet hat, nicht verstorben. Es verstarb, weil der Hain starb. Klopstock wollte die nördlichen Götter im Hain, die griechischen auf Berg-Gipfeln verehrt wissen. Aber Hain, das gibt es in unserer Waldschaft ja kaum noch, die auf Hochleistung und schnelle Nutzung getrimmt ist. Hain ist offen; Baum-Gruppen, Wiesen-Stücke dazwischen, Lichtungen, die zu nichts nutz sind, was man so nutz nennt. Nicht Fichten-Forsten, diese unliebbaren. Eher Weißbuche und Rotbuche, Traubenkirsche und Weide, Holunder, Eiche, Eberesche, Hasel und Ahorn und, wenn es im südwestlichen Deutschland ist, die echte Kastanie als Waldbaum, die blätterschöne und schlanke. Lanzenblätter, auf-

recht stehende Hochzeit-Marken; solang der Ölbaum noch nicht ist, bezeugt sie immerhin Süden.
Um die Mittag-Zeit hatte ich einige Male den steilen Tiefblick und Meerblick durch Kiefern; geschmolzener Meerglanz, fast schwarze Meerbläue. Es gibt eine Mittag-Stunde, in welcher das Überlicht fast in ein Schwarz fällt. Wo immer ich diesen Mittag- und Meer-Blick, geblendeten Schwarz-Blick hatte, es ist keinesfalls zu vergessen. Auf der Höhe von San Giorgo über Portofino, wo sich ein englischer Hausherr Kiefern auf seinen Felsen gepflanzt hat, beim Castello Paraggi, auf Rügen, auf Samos. Jetzt hier. Dann steht die Uhr still. Liebespaare schmelzen alsdann ohne Liebes-Tun in einander, das sie zu dieser Stunde nicht nötig haben, um ihr Glück zu vollenden; nur der kleine Hirt geht mit dem Gedanken um, in seine Lieblings-Ziege zu dringen.
Auf der einen der zwei Insel-Höhen steht ein verlassenes Kloster, das der Metamorphosis geweiht ist, der Verklärung. Die Griechen lieben über alles diese rätselhafte Geschichte, die auch Rätsel bleiben will, den Eintritt meint in einen ganz anderen Zustand: die große Stunde, die eine Möglichkeit ist. Wenn es durchbrennt. Doxa. Ich muß dabei bleiben: Daß die griechische Kirche den Herabstieg des Lichts zu den Schatten, also das Niedergefahren zum Hades und die Verklärungs-Geschichte, daß sie diese zwei Heils-Geschichten so liebt und immer wieder bedenkt und verehrt und darstellt, darin muß ich das eigentlich Griechische sehen. Wie nah ist mir Beides.

Ich geriet an ein Schräg-Kreuz flach sich schneidender Straßen. Irgend etwas war da, das wie eine Wirtschaft aussah, nicht deutlich. Zwar keinerlei Gastraum, doch unter Kiefern Wackel-Tische, wie sie in Griechenland sind, und wackelige Stühle. Aus dem Haus drang Lärm-Geschrei eines Alten, als ob er Streit mit dem Weib habe; ich unterschied Griechisch. Mi fonasete, zankt euch doch nicht, sagte ich, unter die Tür tretend, an einem so schönen Mittag. Ich blickte in eine schwärzliche Höhle, in welcher viel Raum und wenig Mobiliar war; Rauch machte sich über meinen Kopf hinweg durch die Tür ins Freie. Erstaunlich, mit wie wenig Gegenständen Unordnung sein kann. Den akui, sagte der Alte ganz ruhig, indem er mit dem Finger einen Ring um sein Ohr schrieb; sie ist taub. Er war vierundachtzig, zu spät, um noch auszuwandern aus Konstantinopel, vom Bosporos und dem Umkreis, wie so viele Zehntausende seiner Landsleute in den letzten Jahren, kleine Völkerwanderung, die kaum beachtet wurde im Drang großer Fluchten; es war ja nur eine Rest-Lieferung der Geschichte. Denn nach dem selber verschuldeten Unglück des Jahrs 1922, als, wie man sagt, in drei Tagen verspielt wurde, was dreitausend Jahre lang, seit dem Homeros, griechisch gewesen war, nach dem Zerrinnen des Großtraums, griechisch zu machen, was seit dreitausend Jahren von griechischer Sprache besprochen, bedichtet und griechisch bebaut war, nach der mörderischen Vertreibung der kleinasiatischen Griechen, dem ersten Schwindsucht-Anfall Europas, durften die Griechen zwar nicht an den anatolischen Küsten, aber in Konstantinopel noch wohnen bleiben, in ihrer alten Hauptstadt, deren Verlust sie niemals verwanden, auch wenn sies nicht ändern konnten. Dann aber, in mehrmaligem Aufflackern nationaler Leidenschaft, deren Tage vorbei sind, es gibt aber verspätetes Aufstoßen, provinzielles Nachhüten, gab es Wellen halb freiwilliger, halb erzwungener Abwanderung von Griechen aus der uralten Hauptstadt; Europa nahm es nur halb wahr. Sodaß man in Istanbul noch vor wenigen Jahren mit dem Griechischen durchkam, besonders in Pera, dem alten Stadt-Teil der Fremden.

Ob etwas zu essen da sei? Was du willst, sagte der Alte, wir haben alles, ap ola. Es ergab sich, daß so groß die Auswahl wiederum nicht war. Immerhin, gebratene Eier, gebratene Melizanes, ein Gemüse, das, wie auch Weine, nur wo es wächst, seinen vollkommenen Geschmack hat, im fremden Land nur ein Hohn seiner selbst ist. Es war auch geharzter Wein da.

Tisch unter Kiefern, Meerwind, Sonnenwind; griechische Tischkunst besteht unter anderem darin, kleine Gänge in großen Pausen erscheinen zu lassen. Und, wie es oft ist, wenn es zu Anfang so aussieht, als sei Mangel an Vorrat, am Ende wars fast zuviel. Die Fähigkeit dieser Gänge, fröhlich und dankbar zu machen, ist kräftig; die Kosten stehen in einem lächerlich kleinen Verhältnis dazu. Der Wein, weit entfernt, Herkunft zu haben, war überein mit dem Meerwind, abgesprochen mit dem Sausen der Kiefer-Nadeln, dem Harzduft.

Das Radio heulte rostig, gleichwohl war Theokritos anwesend. Griechische und türkische Volksmusik ähneln sich zum Verwechseln. Moll und dasselbe Tonflimmern; ein griechischer Musik-Gelehrter setzte mir einmal auseinander, daß es das Erbe der antiken Musik sei, und die Türken hätten es von den Griechen genommen. Dies Letzte mag schon sein, denn was hätten die Türken von wem nicht genommen, von den Arabern, Persern und Griechen.

Auch ein junger Servierer kam später zum Vorschein, Lotter-Jeans, Kapitäns-Mütze, der durch Lässigkeit kundtat, er trieb das Geschäft nur aus Vorliebe. An irgend einem Nebentisch nahm ein Ehepaar Platz, nicht mehr jung, sorglos gekleidet, um ein langes Mittagessen zu feiern. Als der Mann mich griechisch sprechen hörte, lobte ers; er selber sprach Griechisch wie Türkisch. Sie waren aus der Gegend von Bodrum, das an der Stelle des antiken Halikarnassos liegt, Südwest-Spitze der anatolischen Halbinsel; so war Grund, des großen Geschichten-Erzählers, des Herodotos zu gedenken; der Mann war zufrieden, meine Frage, ob sein Haus auf altem Grund liege, bejahen zu können; so fiel Glanz darauf. Er pries diesen Wohnort zwischen zwei Meeren, wie man es selten noch hört, daß Jemand den seinen preist, und daß er der schönste auf der Welt sei. Als fern ein Esel schrie, in den Mittagswind den Jammer der Welt stoßend, bemerkte er, Lamartine habe den Esel-Schrei le rossignol du midi, die Nachtigall des Mittags und Südens genannt, und als ein amerikanisches Jung-Paar, dem es drunten am Hafen völlig einerlei gewesen war, wohin die Esel-Treiber es schleppten, mit seinen Wünschen und dem Wirt nicht zurecht kam, erhob sich die Frau, ging hinüber und dolmetschte.

Es war, seitdem ich in Istanbul war, eigentlich die erste glückliche Stunde, und sie war glücklich um nichts. Da ich nach und nach mehr trank, als man mittags zu trinken pflegt, legte ich mich weiter droben am Berg zwischen Stein-Eichen, Rosmarin-Sträucher, Thymian und Salbei, Myrte und Zistrosen in die Macchia und es kam mir ein lang nicht erinnertes Lied von Klabund in den Sinn, der überzeugt war, daß er mit seinen Versen dem großen Li tai pe die Hand auf die Schulter gelegt habe, und das Gustav Mahler vertont hat: Lied von der Erde, Der Trunkene im Frühling, Vergesse Mond und Lied und Li tai pe.

X

Möchte wissen, wie das kommt, wie das sein kann. Immer wenn man eine Weltgegend zum ersten Male betritt, gibt sie ihr Bestes. Ein erstes Stadt-Begehen, der Eintritt in eine Landschaft: so wird das nie wieder. Da eröffnet sich etwas, das gibt ein späteres Mal kaum wieder her; es ist, als ob sich da etwas aufgespart hätte, was sich jetzt ausschüttet. Das gilt auch für Zufälle: auch Zufälle lieben es, sich Einem, der soeben erst ankommt, zu schenken.
Ich spreche vom Glück der Ankünfte. Sind es die Eintritte, denen Schlüsselgewalt anvertraut ist? Ist es so, daß man die Plätze dieser Welt aufgeblüht überrascht, aber sie mögen das gar nicht? Sie fürchten die schrecklichen Augen der Menschen? Ist es so, daß sie sich zuschließen, sobald sie entdeckt sind?
Ich weiß es nicht. Ich weiß bloß, es gibt ein Gesetz der Glorie im Anfang.

So kam ich in Griechenland an. Ich wüßte die Stelle auf dem Asphalt noch, ich kam vom Bahnhof und schleppte, in einer Juli-Nacht, die so heiß war, wie Juli-Nächte in Athen eben sind, wenn das Pflaster die gespeicherte Tageshitze zurückstrahlt, die Stelle auf dem Asphalt noch, an den Brunnen-Stufen, auf dem Platz, der häßlich ist, aber das sah ich nicht, mir leuchtete er, die Stelle wo mich das Glück, in Athen zu sein, überrann. Dort beschloß ich, mich nicht vertreiben zu lassen. Immer wenn es sich um Kreuzwege handelt, um Mehrwege, ist es hilfreich, einen einzigen Vorsatz in der Ferne zu haben, dem man das Nähere nachordnet; greifbare Vorteile, schnellere Gewinne, Chancen, die sicher scheinen, verlieren dann ihre Verführung. Ich blieb volle vier Jahre.

Die ersten Monate in Griechenland, ich gedenke ihrer mit Rührung. Alles beglückte mich. Ich war in Athen, welche Auszeichnung. Daß ich dort war, gab mir die Gewißheit, daß ich zu den Beschenkten auf dieser Erde gehöre. Wenn ich beim Aufwachen in mir den Namen Athen fand, durchwuchs Glück mich. Wie von einem Apfelblütenwind fortgetrieben, ging ich durch Athens häßliche Straßen. Die Kopien antiker Gebäude, die zeigten, wie sich die bayerischen Baumeister des Königs Otto von Wittelsbach die Antike vorgestellt hatten, schienen mir richtig. Ihr Mut, die Farbigkeit antiker Tempel, die Gottfried Semper entdeckt hatte und die sie auf ihren akademischen Neubauten dartaten, besaß meine Hochachtung. Das Schloßgelb des Königschlosses, das seine Verwandschaft mit der Ludwig-Straße in München nicht leugnete, erinnerte mich an das Schloßgelb von Tiefurt; der schattenschwarze Schloßpark, von dem Münchener Botaniker und Gartenmeister Ludwig Skell angelegt, ließ mich denken: Wahr, das ist der Süden. Das Haus Heinrich Schliemanns, ein erstaunliches Großherren-Haus in der ehemals biedermeierlichen Stadtmitte, erzeugte mir Mit-Stolz; täglich las ich die Anschrift, daß dieses Haus Xenias Melathron sei, Fürstensitz in gastfreundlicher Fremde. Sogar den Architekten-Traum Friedrich Schinkels, der auf der Akropolis von Athen ein Königschloß bauen wollte, das hochromantisch und deutsch und wundervoll ungriechisch war, konnte ich mitträumen.

Ich lernte die Stadt auswendig, wie ich es zuvor nur mit Dresden, Prag und Rom versucht hatte; ich buchstabierte sie. Auf der Akropolis war ich zu Morgen-, zu Abend- und Nacht-Zeiten; es war fast nie Jemand sonst da; ich suchte Plätze wie den Kolonos auf, des Oidipus auf Kolonos wegen, die Gegend, wo die Akademie Platons gewesen sein mußte und das sokratische Ilyssos-Ufer; es machte mir fast nichts aus, daß der Kolonos nur ein Vorstadt-Platz, der Ölhain des Platon verschwunden und der Ilyssos ein kanalisiertes Gerinn war.

Also, ich war ein Verliebter. Ich war in der Lage von Einem, der die Fehler seines Mädchens nicht sehen kann, seine Pupille ist undurchlässig dafür; ihre Talente aber, ihre Vorzüge ziehen vergrößert ein. Ich war glücklich, jeden Morgen die Gipfel-Linie des Gebirges, das den Schmetter- und Honig-Namen Hymettos trägt, über den Himmel fahren zu sehen, eine Wellenlinie; ich war überglücklich, zu sehen, daß diese kahlen Hänge noch immer, wie vor dreitausend Jahren, gegen Abend veilchenhaft violett sind. Ich war glücklich, auf den flachen Dächern im Freien unter dem sicheren Himmel den brunnentiefen Erschöpfung-Schlaf schlafen zu können, in den man nach den Tages-Hitzen verfällt; nächtliche Wach-Stunden unter Sternen, wenngleich ich mir

den südlichen Stern-Himmel brennender gedacht hatte, waren mir Glück-Stunden. In den Mittagshitzen, der geringen Zeit, die ich frei hatte, stieg ich tausend Meter hoch auf den Hymettos, welche Verrücktheit. Ich war selig, wenn ich am Abend die rostroten Lichtfächer der Sonne sah, die hinter den Blau-Bergen von Salamis unterging, und ich war gerührt über die schneeweißen Würfel auf den braun verbrannten Gebirgen, die Kapellen-Würfel, die dem heiligen Johannes dem Jäger oder dem feurigen Gottesboten Elias geweiht sind. Ich war glücklich, an Sommer-Abenden auf den kurzrasigen Gipfel-Fluren des Pentelikon stehen zu dürfen, wo man immer allein ist, denn es ist dort nichts zu holen außer der Bergluft; sie in den Korb meiner Lungen zu ziehen, schien mich zu bessern.
Auf den Hochfluren des Pentelikon konnte ich die schönsten Verse, die mir bekannt waren, einpflanzen: Ausgesetzt auf den Bergen des Herzens; sodaß ich sie später nie wiederlas, ohne die leichte Abendluft, die dort ist, zu atmen, nicht ohne das Meergrün wiederzusehen, in welches die Täler einsanken. Wie Schwalben, die auf ihrer Meer-Reise ein Kap sichten, niederfallen, hatten solche Verse nunmehr ihren Ort gefunden, ohne den sie bloß Literatur sind.

Ich sah ein Griechenland, von dem ich zuweilen meine, daß es in seiner wildrosenhaften Versiegelung bald nicht mehr sein wird. Dann meine ich wie-

der: man wird es immer noch finden, denn dieses Land, an dessen zeleberen Plätzen jetzt die Meisten nur Stunden zubringen, ist ja so schwer durchdringlich, so dornig, so struppig. Ein Jahr lang war ich auf Kreta und eigentlich immerfort unterwegs; aber kenne ich seine Falten, seine Gebirge, Gipfel, seine abgelegenen Küsten, seine Farben, alle seine Gerüche? Nie verläßt mich das Nage-Gefühl, daß ich ihm noch nicht genugtat. Viele Wochen war ich auf Delos, eine Insel, so groß wie eine Handfläche. Aber darf ich sagen, ich hätte begonnen, Delos kennen zu lernen? Da doch erst der Hammer des hundertsten Abends, den man auf dem Gipfel des Inselbergs zwischen Himmel und Meerblau verbringt, anfängt, das Ohr zu öffnen für seinen Erzklang.
Ich lernte ein Griechenland kennen, bäuerlich, wildblühend, arm, urtümlich, gläubig und abergläubisch, hilflos und machtlos. Von Abendhöhen auf der Peloponnes sah ich acht Waldbrände in verschiedenen Himmelsrichtungen auf einmal; die Hirten brannten die duftende Macchia, das Gehölz ab, das düngt, das gibt Weide. Der Gedanke, Wald aufzuziehen, es wäre eine Sache auf lange. Und Sorge auf lange? Für lange Sorge müßte Vertrauen da sein auf Recht, auf Satzung. In den Bergfalten von Kreta begegnete ich einmal so einem Feuerleger und Brenner; ich fragte ihn, ob er nicht wisse, daß das ein Schaden sei, aufs Ganze gesehen? ob er keine Furcht vor dem Gesetz habe? Da drehte er sich um sich selber, hob den Arm und die Hand über Berghänge, hinauf und hinab, kein Haus und kein Mensch

war zu sehen, und sprach: »Das Gesetz? wo? wo?« Es war das Griechenland der Dynamit-Fischer, man hörte es immerzu knallen. Der Einwand, daß das ein Raubbau sei, bringt die Leute zum Lachen. Für uns reichts noch. Was wir nicht nehmen, nehmen sich Andere, wer wird vorsorgen. Es war das Griechenland der Ziegen, die jeden jungen Baum, eh er hochkommt, abknabbern, sodaß Wald niemals aufkommt. Was kann man machen? Der Nachbar würde seine Ziegen ja doch nie abschaffen. Denn es war auch ein Griechenland, das soziale Gefühle nicht kennt; der Sinn, daß der Eine für den Anderen da sei, war abhanden. Waldbrand, Dynamitfischen, Raubbau. Jeder für sich, Keiner für Alle. Es galt das Naturrecht, dieser schillernde Begriff, in seinem brutalen Verständnis, den es leider auch hat: das Recht des Stärkeren. Kurze Geschäfte, schnelles Reichwerden. Wer für eine Weile zu politischer Macht kommt, müßte doch dumm sein, wenn er nicht reich würde, und mit ihm die Verwandtschaft.

Ich sah das Land leiden; anders als leidend kenne ich es über die Jahre hin nicht. Ich vermute, daß seine Begabung zur Freude damit verquickt ist; doch ich möchte die Rechnung nicht machen. Aber das weiß ich, daß Jedem, der durch dieses Land zieht, immerfort Freude zugebracht wird; ich kann das in unserem Lande nicht finden.

So sah ich ein Griechenland der blühenden Arnika, der Kamille, der wilden Iris, der Orchideen auf kärglichen Wiesen und der hellgrünen Strandkiefern. Ich sah ein Griechenland der überwachsenen Ausgrabungs-Plätze; ich sah mehr das Überwachsene als die Ergebnisse der Forschung. Ich spürte die Zeit und daß sie dahin war, die Vergangenheit und ihr Ruhen, ihren Schlaf irgendwo in der Tiefe.
Dazu kam, daß ich, wie alle Südfahrer, in die leichtere Lebensluft dieses Lands glitt. Ich fand in Athen einen Typus von Zuwanderern vor, der sich dort seit Jahren festgesetzt hatte; den Maler Klaus Vrieslander will ich an der Stelle von Mehreren nennen. Es waren Auswanderer aus dem großmannsüchtigen, erfolgreichen Deutschland, das noch immer am schlechtesten daran war, wenn es Erfolg hatte. Doch könnte man sie auch Auswanderer nennen aus der europäischen Neuzeit. Sie hatten es satt, um Erfolges willen zu leben; Erfolg war ihnen ein Schimpfwort. Ruhm, Amt und Laufbahn, was immer dem ähnlich sah, war ihnen verdächtig, Ehrungen lächerlich, und was das Vorzeigen irgend eines Besitzes war, das ja den Meisten noch wichtiger ist als Besitzen, so war das keine Versuchung für sie, da sie nichts hatten. Sie machten sich lustig über den Ehrgeiz; sie spotteten über das Lästige, das es mit sich bringt, wenn man Untergebene oder Dienerschaft hat; sie verachteten Alle, die behaupteten, ein Programm zu haben, und was gesellschaftliche Ver-

pflichtungen anging, so brachte sie schon der Ausdruck zum Lachen. Leistung, so meinten sie, sei zu eng mit dem Bemühen verquickt, seinen Namen in recht viele Münder zu bringen; könne man seinem guten Namen das wünschen?

Diese Auswanderer aus der Neuzeit lebten minimal, was den Lebensaufwand, maximal aber, was den Aufschwung der Stunde betraf. Suchte man einen von ihnen zu Haus auf, so sah man, dieses Zuhause bestand aus vier weißen Wänden, ein paar Quadratmetern gestampften Lehmbodens und keinerlei Möbeln. An Gegenständen war vielleicht ein Hemd auszumachen, das die Nachbarin frischgewaschen zurückgebracht hatte, und ein Malkasten. Doch waren diese Freigelassenen in jeder Minute zur Feier eines Festes bereit, zu dem sie auch immer Wer einlud. Da viel Last aus ihrem Leben entfernt war, waren sie leicht genug, um in jedem Augenblick aufzufliegen. Sie besaßen die Anmut, die ein freiwilliges Nichts-Haben schenken kann.

Unleugbar umgab den Vrieslander und seine Freunde eine aristokratische Aura; eine Unterhaltung, sobald einer von ihnen eintrat, nahm sofort ein höheres Niveau an; dann nahm sich Jeder zusammen. Große Geister waren dann anwesend; wann diese Leute das alles gelesen hatten, blieb ein Rätsel, da sie doch müßig gingen; es erklärte sich dadurch, daß sie dem Unwesentlichen, das den Meisten, wie man richtig sagt, durch den Kopf, also hinein und hinausgeht, den Eintritt verwehrt hatten.

Die Bereitschaft zur Feier war, was sie in Griechen-

land festhielt, denn die wohnt dort. Sie waren ja, Jeder auf seine Weise, durch eine Anzahl von Ländern gezogen, den Magreb, die Türkei und Ägypten, eh sie in Griechenland hängen blieben. In den Tavernen der Plaka, der Altstadt am Fuß der Akropolis von Athen, wo Musik und Männertanz in Sommernächten nicht aufhört, mit nichts gefeierte Feste, mußten sie sich wohlfühlen. Ihr Leben verschwendend hofften sie dem, was leben heißt, näherzukommen.
Diese Ausgestiegenen hatten vielleicht zum Patron den großen Theodor Däubler, den Sternen-Vaganten, der ein Jahrzehnt vor ihnen in Griechenland, auf den Inseln und auf dem Berg Athos geschweift war, mittellos, sich gnadenlos zu Gast ladend und nicht wieder weichend, wenn ich der Nachrede traue, die mir auf meinen späteren Wegen da und dort zukam. Vielleicht war der große Rhapsode ihr Vorbild, vielleicht gilt auch nicht, was ich sage, denn schon, Gesänge auf Bütten drucken zu lassen, gezählt, in ersten Verlagen, kostbar, für Liebhaber, wäre diesen Bekennern verschenkten Lebens zu strebsam erschienen. Zu ehrgeizig tüchtig.
Bemerkte Vrieslander, daß Einer sparsam mit sich war, so zeigte er grenzenlose Verachtung. Darauf verstand er sich; sein Hohn war grausam. Man mußte ihn, der nichts besaß, mit Wenigem auskam, gleichwohl hochmütig nennen; auf solche, die etwas erreicht hatten, blickte er wie aus großer Höhe herab. Er verachtete auch die Bekehrungsversuche von Denen, die alles verändern wollen.

Er war groß, hager, lederbraun und schien immer heiter. Gewiß gehörte er zu den Vornehmen, die ihre Melancholien verbergen; ohne Melancholien geht es bei solchen Naturen kaum ab. Nur halten sie es für taktlos, Anderen damit zur Last zu fallen, fürchten auch anzustecken. Er verschwand dann in seinem Vorstadt-Würfel, seinen vier weißen Wänden, wurde erst wieder sichtbar, wenn sein Himmel geklärt war.

Er besuchte uns gern auf unserem Flachdach, und wenn er sich wohlfühlte, pflegte er wunderbare Sätze zu sagen. Eines Abends, bevor er zu einem mir unbekannten Fest in den Piräus ging, es gab da Liebesfeste und Haschisch, kam er, in der Hand eine Rolle. Ich wollte wissen, was das sei; ein Aquarell war es. Es zeigte den Abhang der Türkenberge, die Gegend, in welcher er wohnte: verbrannte und kahle, tönerne Hügel. Der kleine, sonst eher gering geachtete Bergzug war auf dem Blatt wie erhöht, als geschehe in solcher Landschaft Geniales. Alles war schwerelos, aber ewig. Weiße Haus-Würfel waren anachoretisch über den braunen Berghang verteilt, ausgespart aus dem Türkis-Grün der Kiefern und dem tönernen Erdbraun; diese zwei Farben waren in abgestuften, rautenförmigen Feldern zu sehen. Erst später stieg mir der Verdacht auf, daß diese Malweise ihr Bestes von einem Größeren hatte, von Cézanne; dessen Aquarelle kannte ich damals noch nicht. Ich war in der Lage, in die man als Junger nicht selten gerät, wenn man über eine zweite Hand fasziniert wird. Jahre danach, wenn man an die

Quelle gerät, erkennt man den Irrtum; leider, die Erstlinge, jenes Regen im Sonnengeflecht, das die Ersten Male im Leben begleitet, vergab man. Gleichviel, ich glaubte damals, etwas in so schönem Sinne Verrücktes nie gesehen zu haben, schaute und schaute und lobte. Ohne Besinnen schenkte er mir das Blatt; seine Hände stießen Besitz wie Gegenpoliges ab. So auch sein Leben.

Ich sah ihn zum letzten Male auf Rhodos. Es hatte ihn, fast am Ende, doch noch erwischt, er mußte die Uniform anziehn. Es versteht sich, daß es für ihn eine Schmach war. Zwar, er überspielte auch sie, er war stärker. Der Krieg war fortgeschritten, die Ausrüstung-Stücke begannen südlich zu verwahrlosen, Jedermann trug was ihm einfiel. Er erklärte mir, daß sie zu Zweit unterwegs waren, auf den Inseln, die dem anatolischen Festland vorlagen, und daß er als griechischer Dolmetscher einem Deppen beigesellt sei, einem Feldwebel, der mit einer Aktentasche voller Goldmünzen herumfuhr und geheime Informationen einzog, an welchem Tag und zu welcher Stunde die Engländer oder Amerikaner von Ägypten und Zypern die Invasion im Südosten begännen. Da jeder einzelne Grieche es an Witz mit einer ganzen Kolonne von so plumpen Ausspähern aufnahm, und da die Nachricht vom Auftritt der Beiden ihnen immer vorauslief, stimmten die Daten in allen Fällen zusammen, bezogen sich regelmäßig auf einen nicht fernen, absolut sicheren Termin, nach dessen ereignislosem Verstreichen ein neuer, nicht ferner, noch viel sichererer Termin galt, da die

Gewährsmänner des öfteren Gold brauchten. Vrieslander schilderte mir dieses absurde Theater; zuweilen unterbrach er sich, um auf das laute Pochen eines Holzwurms zu hören, der in einem schnellgezimmerten Tisch aus zu frischem Holz wohnte und schaffte, und den er unseren Freund nannte. Es ließ sich ahnen, was er anzeigte; Wem von uns Beiden sein Pochen galt, nicht.

Ihn plagte die Sorge, daß ihm nach dem Krieg, wenn er wieder werde in Griechenland leben wollen, diese närrische Dolmetscher-Hilfe zur Last gelegt werden könnte. Unnötige Sorge. Nicht sehr lange danach, in Athen wieder, wurde er in der Vorstadt Pankrati, wo er seine Wäsche abholen wollte, aus irgend einem Hause von einem Untergrundkämpfer erschossen, er, der Freund der Griechen, und starb in der rissigen, trockenen Erde, die er auf jenem Aquarell gemalt hatte.

REISEN WIE VOR HUNDERT JAHREN

Es war damals in Griechenland alles schwer zu erreichen. Das Land darbte, es gab keine Fahrzeuge. Die Entfernungen waren so groß wie hundert Jahre zuvor, zu Zeiten des trefflichen Gebhard Lolling etwa, der die berühmten frühen Ausgaben des griechischen Baedeker verfaßt hat, die jetzt so gesucht sind, der sein geliebtes Griechenland bis in jede Falte kannte und dessen Spuren ich nachging. Oder des Ludwig Roß, des Reisebegleiters und Tagebuchführers des wittelsbachischen Königs; damals mußten die Segelschiffe in der Aigais oft Tage lang vor einem Inselhafen kreuzen, weil sie wegen des Sommer-Sturms, des Meltemi, der Etesien, nicht in den Hafen einfahren konnten, auch wenn der Landesherr auf dem Schiff war. Oder zu Zeiten des Johann Jakob Bachofen, von dem wir so genaue Aufzeichnungen haben, oder des kraftvollen Südtirolers Johann Philipp Fallmerayer, und wie vieler Anderer. Sie Alle waren mit Maultieren monatelang unterwegs, welche Märsche, welche Mühen. Wenig Wasser zum Waschen, heiße Nächte, in denen kaum Schlaf war, Morgenfrühen ohne Kühle und Frische, und die Überfälle von Flöhen und Wanzen, dieser Heerscharen. Dennoch, es war ein Reisen in Glück-Stimmung. Alle Mängel waren nichts vor dem Umstand, daß man das Land eben liebte. Man sprach die Landes-Sprache und lebte mit den Bewohnern. Man ließ sich Zeit, was sonst denn. An den Plätzen, die durch ihre Namen groß waren, blieb man Monate; wenn man in Delfoi, auf Samos, auf Delos, auf Thera, in Pergamon nicht Monate, Jahre lang war, und immer wieder, war man, so war die Denk-Art, nicht dort gewesen.

Sie Alle, die damals reisten, fühlten sich als Entdekker, auch wenn das nicht eigentlich zutraf. Es war das Glück dessen, der die Zweige der Macchia wegdrückt, das Gebüsch öffnet und aus dem Dickicht den Erstblick aufs glänzende Land hat.

Jetzt sind die Meinungen anders. Das Einbringen

von Daten und Fakten wird hochgeschätzt, der Gewinn einer Reise wird nach dem Quantum bemessen. Das Verfügen befriedigt, auch wenn man weiter nichts damit anfängt. Es wäre falsch, in diesen Umständen etwas zu sehen, was man ändern könnte. Die Mittel, in deren Besitz wir uns gebracht haben, mußten uns verändern; es wäre müßig, zu fragen, ob sie uns besser oder nicht besser machten. Sie haben uns in einen Herrenstand hoch über den Dingen gebracht; ist es ein Wunder, daß die Dinge sich scheu davon machen?

Ohne daß ich es darauf angelegt hätte, war ich den alten Reisenden näher als der Art wie man jetzt reist. Die kleine Bahn rings um die Peloponnes fuhr nur ein oder zwei Male die Woche, und selbst das war mir nicht zur Kenntnis gekommen, sodaß ich meinen Augen nicht traute, als ich von Akrokorinth aus tief drunten und klein den Triebwagen durch die Macchia kriechen sah. Die Straßen waren im schlechtesten Zustand, kaum Benzin, kaum Autos. Es war eine Schwierigkeit, den Sprung über die Meerenge nach Salamis hinüber zu machen, und nach Aigina. Um nach Marathon, nach Brauron, zum Amphiareion oder nach Chalkis zu kommen, bedurfte es mancher List; zu Fuß ist das alles sehr weit. Auch nur Attika auf diese Weise kennen zu lernen, wäre auch jetzt nicht so einfach. Auf Kreta allein oder zu Zweit unterwegs zu sein, widerrieten mir noch vor zehn oder fünfzehn Jahren kretische Freunde; so lange Jahrhunderte war die Insel unter der Herrschaft von Fremden gewesen, zu gut gelernt war der Haß. In Athen erklärte mir ein Grieche, der gern in seinem Land unterwegs war, zu Fuß, das ist bei einem Griechen recht selten, er habe, sogar als Grieche, es immer vermieden, auf der Peloponnes oder wo er sonst war, eine geographische Karte bei sich zu tragen; der Lehrer, der Pope, die Bauern, Landkarten mögen sie nicht; was will Der. Das Land ist verwachsen. Man möchte unentdeckt bleiben. Dicht neben der leidenschaftlichen Gastfreundschaft wohnt ein Mißtrauen.

So war alles abenteuerlich und mühsam. Und dennoch, jetzt, wo man das Klösterchen Daphni mit seinen strahlenden Mosaiken, danach den Mysterien-Ort Eleusis, danach Theben, danach Delfoi und obendarein auch noch das Kloster des Hosios Lukas, zu dem Hofmannsthal auf dem Maultier ritt, an einem einzigen Tage besichtigt, und zwanzig Inseln und Küstenorte in zwei, drei Wochen: das Reisen ist schwerer geworden als damals, nicht leichter. Wenn alles so unumworben daherkommt: es ist schwerer geworden. Man reist und bricht allem die Treue. Flüchtige Bekanntschaft, Berührung, dann schnell, schnell was anderes. Welt-Untreue. Vergaß man, daß Liebe und Mühe einen Pakt haben, sodaß Liebe, die ohne Plage sein will, eingeht? Lieben ohne Mühe ist schwerer.

XI

Mit der Zeit freilich war meine Liebe zu Griechenland nicht mehr dieselbe wie anfangs. Meine ersten Blicke: Liebes-Blicke. Aber wer kann sein Leben mit Liebes-Blicken bestreiten? Wer lernt nicht, daß es mit ihnen erst anfängt? Auch gehört ja zur Liebe, daß sie sich während des Liebens verändert; ich meine jetzt nicht, daß sie springt, das ist etwas anderes, da fängt sie ja wieder von vorn an. Die Veränderungen der langen Liebe meine ich vielmehr; ich meine, daß Liebe, die nicht springt und nicht stirbt, vielmehr dauert, daß sie sich dreht und wendet und ändert, neu auftritt, andere Gründe findet.

Auch meine Liebe zu diesem Land drehte und veränderte sich, sodaß sie mit der Zeit kaum noch Ähnlichkeit hatte mit meiner Liebe zu Anfang. Zu Anfang hatte ich, als junger Deutscher, das Land um seiner Antike willen geliebt; alle ausgegrabenen und noch nicht ausgegrabenen Plätze, die ich aufsuchte, waren mir beinahe heilig. Lang mußte ich Gast dieses Lands sein, bis mir das Folgende aufging.

Die neueren Griechen hatten etwas Größeres zu Stande gebracht als nur ihr Erbe aus der Antike zu hüten, wenngleich sie das auf ihre Art auch taten. Sie sahen davon ab, aus vergangener Größe zu leben, was doch nie gut geht. Sie hatten, als ihre Götter sich niederlegten und starben, nicht an den toten gehangen. Für unsere Rückblicke auf ihre Götter, die tot sind, nicht mehr Nothelfer, also Puppen-

Götter, die nicht einmal mehr Glauben verlangen, hatten sie verwundertes Kopfschütteln. Unser Reden davon, und daß wir sie in Schauspielen auftreten ließen, sie in Bildern malten und in Gedichten anriefen, als ob sie noch helfen könnten, und was sollte ein Gott sonst: das schien ihnen ein gefährlicher Unernst.

Sie vermieden es, durch ihr Herz einen Graben zu machen; dort die Antike, und hier was später kam. Sie fanden die Vorstellung, als sei vordem Heidenglück, Sonne, klarer Himmel und Gesundheit gewesen, und eines Tags sei die Welt trüb geworden, in Schuldbewußtsein, Körperscham und Sehnsucht nach einem besseren Drüben gefallen, zu ärmlich.

Auf griechischen Mosaiken, in griechischen Kirchen, in griechischen Bilderhandschriften sieht man, wie sie es meinten. Christos, in den Hades absteigend unter die ängstlichen Schatten. Christos, das Licht, das zu den Schatten kommt, die nach Leben dürsten. Christos im Reich des Wesenlosen, in das wir Alle zu vielen Malen versinken, ins Halblicht der Ängste, Nöte und Sorgen, ins Viertellicht der Zerstreuung. Das Licht kam, der Schatten des Hades zerfloß.

So war ich nach Griechenland gekommen, um Tempel und antike Heiligtümer zu sehen; ich fand sie, fand aber auch anderes. Ich fand, es war diesen Griechen gelungen, über ihre große Zeit fortzuleben, ohne vergebliche Rückblicke. Sie lebten, auch als es undankbar wurde zu leben; denn konnte etwas undankbarer sein als das, was Konstantinopel durch die Jahrhunderte tat: Europa am Rand zu verteidigen, mit der Zeit auf verlorenem Posten? Die Griechen trugen die Sorgen Europas, das damals das Römische Reich hieß und besser das Griechisch-Römische hieße; schon diese Unterlassung sagt alles. Denn mit Dank war von vorn herein nicht zu rechnen.

Konnte etwas undankbarer sein als die goldene Stadt am Rand des Erdteils, die hochgebildete, beneidete, feine zu sein, die scheu bewundert wurde vom jungen und halb barbarischen Westen, aber so, wie Söhne bewundern: sich die Bewunderung nicht zugebend, sie mit Aufsässigkeit deckend? Heimlich aufatmend, als das große Vorbild endlich dahin und nicht mehr im Weg war.

XII

KRETA

Seitdem das aufregend schöne, exotische Mädchen Europa, die Griechen sagen Evropi, das eu ist erasmisch und auch ich kann nicht daran glauben, am südlichsten Strand der südlichsten Insel unseres Erdteils, am flachen und sonnenglitzernden Strand der Messara auf Kreta an Land stieg, seit dieser gloriosen Ankunft ist allerlei über die berühmte Insel gekommen, man weiß ja. Und von allem sind jetzt noch Proben und Tupfen zu sehen, wie auf einer Farbkarte. Die Scherereien fingen schon mit diesem Daidalos an und seinem Ingenieurwesen, seinen Basteleien mit allerlei Maschinen, seinem Apparateglück, das ihm so wenig Glück brachte. Seinem Labyrinth, das er baute und das wir bauen und nicht mehr herausfinden. Später kamen die Dorer über die Insel, die sich bis heute noch hielten in den Felsentälern der Südküste, wo Jahrhunderte lang Wenige hinkamen; die sind leicht zu verteidigen. Dann die Römer, dann die Venezianer, die Genueser, die Türken, ein paar kurze Augenblicke die Engländer, die Deutschen. Und Alle waren entschlossen, auf dieser herrlichen Insel zu bleiben; Alle kamen als Herren für immer, und gingen. Es blieb Kreta.

Nach so vielen Unannehmlichkeiten ist jetzt nicht mehr viel Großhandlung. Nachlese, Kleinsorge. Altwasser, Sodahin, Nachsommer. Rückstand. Also alles, was der Neuzeit ein Ärgernis ist, was sie entwikkeln will, so nicht duldet.

In einem Seiten-Tale bei Gortyn hatte ich römische

Mauern gesehen, die kaum anders zu verstehen sein konnten: ein alter römischer Staudamm. Offenbar hatten die Römer die Winter-Wasser gesammelt und sie während der dürren Sommer verteilt.

Ich war in einem Bauernhause zu Gast. Eine Öl-Lampe, aus einer Sardinen-Büchse gefertigt, gab einen Lichtkreis. Auch die Kuh war im Zimmer. Auch die Kinder schliefen im Raum; sie wurden gerade zu Bett gebracht, doch war es nur eine Art großer Kiste. Ausgezogen wurden sie auch nicht. Stühle gab es nur wenige, aber das machte nichts; so standen eben die Frauen.

Es gab hellroten Wein, der bäuerlich ungeschönt war, aus dem Holzfaß, mit dem Duft der roten, rottmannischen Erde, nachschmeckend wie eine Tonscherbe, wenn man sie feuchtet. Aus hundert Weinen würde ich den herausschmecken.

Im Kamin ein paar glimmende Zweige, drei rußige Tiegel. Als Schöpflöffel sah ich eine Konserven-Dose, deren Henkel-Stiel aus gewickeltem Draht war. Nirgendwo ersichtliche Vorräte. Aber, wer weiß, wie sie es machen, diese schwärzlichen Frauen im Kopftuch, deren Geduld unermeßlich ist; ein wenig Gebrutzel, und, über Stunden hin, ohne Eile, immerfort kleine Gerichte, so überzeugend, so unvermengt, so natürlich, so tauglich.

Unter meinem Stuhl lief ein Huhn durch. Wir kamen auf die kahlen Berge zu sprechen und daß die Ziegen die jungen Bäume abfressen. »Wenn ihr die nicht hättet«, sagte ich, »so hättet ihr Wälder, so hättet ihr Holz, hättet reichere Quellen. Ihr könntet stauen wie es die Römer gemacht haben, ich sah es. Wald, Feuchte und Vorrat-Wasser im Sommer; die Winter-Regen würden nicht, wie es jetzt ist, euer Erdreich wegschwemmen.«

»Sicher!« erwiderte mein Gastherr. »Die Ziegen knabbern alles was grün und was jung ist. Da kommt kein Baum auf. Da drüben am Hang könnten Ölbäume stehen, über den ganzen Berg hin. Wie viele.«

Ich sah, seine Fantasie schlug Flammen.

Ich sagte: »Die Ziegen haben euch arm gemacht und sie tun es immer noch weiter. Nicht die Türken. Die Ziegen. Aber das ist doch ganz einfach. Ihr müßt die Ziegen abschaffen. Auch die Ziegen vom Nachbarn. Im ganzen Lande die Ziegen. Sonst wird nichts.«

Er sah mich nachdenklich an, eher unwirsch. Ich merkte, ich hatte ihm die Fantasien verdorben, denen ich nicht gönnte Fantasien zu sein und zu bleiben. Ich wollte die Fantasie in die Tat zerren. Sicherlich dachte er: »So sind Die.«

»Den echome anangki«, sagte er dann. Wir leiden nicht Not. Wir haben Öl, was wir brauchen. Wir haben Früchte und Wein, Mandeln, Gemüse, wir haben ein wenig Getreide. Nun möchten wir auch ein wenig Milch und Käse, dazu brauchen wir Ziegen. Was willst du. Es fehlt uns an nichts.

Auf Kreta überkam mich das Glücks-Gefühl dessen, der aus der Blutmühle Geschichte und aus der Tretmühle Wissenschaft, wie sie geworden ist, auskam in Sturm-Stille. Hier war eines der Länder, die es hinter sich haben. Die nicht mit Verheißungen angetrieben werden zu neuen Blutbädern, denn mit Verheißungen wird es doch immer geschafft: noch dieses Blutbad, noch dieser letzte Krieg, dieser Terror, dann fängt die Gerechtigkeit und das Glück an.

Hier ist der Kreis eng geworden und die Welt heißt Kreta. Der Staat, ach gehn Sie mir weg, der Staat, o kratos. Das sind die, die weit weg sind und in die eigene Tasche arbeiten. Der Staat, das sind die Betrüger und wir die Betrogenen. Hier hat der Staat nichts zu sagen. Hier ist kein Krieg mehr, so wie immer Krieg war: für hohe Ziele, zur Ehre Gottes, zur Herrlichkeit der Nation, zur Endbeglückung der Menschheit. Für die Freiheit, diesen ans Kreuz geschlagenen, blutbeschmierten Begriff. Hier ist bloß noch Krieg mit dem Nachbarn. Weil Bosheit schon in der Welt ist, ist es am Besten, sie klein zu halten, auf kleine Entladung zu denken. Jeder in Gottes Namen er selber und der Nächste sein Nachbar.

Hier herrscht, wie immer, wenn die großen Räusche vorbei sind, keine besonders gute Meinung vom Menschen. Wie immer im Windschatten der Geschichte ist die Meinung von der Güte des Menschen niedergeschlagen. Doch, so meint man, mit dieser Belastung fahre der alte Wagen am besten.

Hier ist nicht mehr die Versprechung auf Weltglück, und also auch nicht mehr, daß die Söhne nach zwanzig und dreißig Jahren es nicht mehr fassen können: daß die Väter so dumm waren.

HERREN

In den Weißen Bergen begegnete ich einem alten Mann; er sah aus, wie ein alter Kreter halt aussieht: großartig; Jedermann muß es zugeben. Auf Kreta ist Jeder sein eigenes Urbild, an dem er sein Leben lang gemalt hat. Der langsame, mühsame Wuchs der Ölbäume und Steineichen auf dem trockenen, heißen und steinigen Boden könnte Vorlage sein für solche Gesichter: unter Mühen langsam gewachsen. Dazu kam bei diesem Kreter die Kleidung. Der Botaniker Franz Wilhelm Sieber hat sie vor einhundert und fünfzig Jahren schon genau so beschrieben, wie ich sie sah: das weißliche, wollene Strickhemd, das man im Winter und in der Sommerhitze auf der bloßen Haut trägt, ein Pullunder also, dann die blaue, gefältelte Baumwollbluse, die selbstgewebt und bestickt ist, der kretische Hosenrock, dem unterm Hintern ein Kissen eingenäht ist, das beim Gehen bis zu den Kniekehlen hinabhängt und beim Hinsetzen auf den Feldstein, der am Abend und am Morgen und im Winter kühl ist, immer ein Polster bereit hält; famose Erfindung. Um Kopf und Stirne das Schweißtuch mit geknüpften Schwarzfransen; an den Enden der Fransenfäden kleine Knoten, eine kronenartige Zier. Ohr-Ringe. Auf dem Maulesel zusammengefaltet der weiße, gewalkte Ziegenhaar-Mantel, ein Gebirge von Mantel. Er ist aus einem Stück mit der Haube, umschließt bei Schlechtwetter, ohne sich anzuschmiegen, wie gehämmert oder gegossen. Geniale Erfindungen, ar-

chaisch, zweckmäßig, uralt. Ich vergesse den Stock nicht, der immer schön ist, dünn, spielerisch, und der am oberen Ende einen Schwinghelm aus Wurzelholz hat, mit dem man einen Bock an seinen Hörnern herbeizieht.
Man müßte weit hinter ein Lob aufs Bäuerliche, das mir fern liegt, zurückgehen, wollte man ergründen, was es ist, das diese Gesichter so lesenswert macht. Die Leiden sind dortzulande nicht kleiner, das versteht sich, die Not nackter, die Schicksalschläge nicht seltener, die Verluste nicht weniger furchtbar und daß man dort glücklicher als anderswo sei, bei solchen Behauptungen ist Vorsicht am Platze. Doch es kann ja nicht bloß ein Achselzucken wert sein, wenn es ein Land gibt, wo sie Alle so aussehen. Es sind nicht Gesichter, in denen weiter nichts steht als was am Abend vorher aus bunten Heften oder bunten Programmen eingefüllt wurde und sofort wieder wegfloß.
Ich saß eine Weile bei diesem Kreter, wir sprachen. Ich fragte ihn nach seinen Jahren. Er blinzelte gegen die Sonne und dachte. Die Frage interessierte ihn schon, doch er mußte erst denken.
»Wieviele werde ich haben?« sann er. »Siebzig? fünfundsiebzig? Sicherlich mehr als sechzig.«
Er hatte sie niemals gezählt, es ist auf Kreta nicht üblich. Man besitzt keine Uhr, man schaut nach der Sonne, wenn Jemand die Frage nach der Tageszeit aufwirft, man zuckt mit den Achseln und sagt:
»Pori na ine . . . vier Uhr könnte es sein.«
Wer wird die Zeit messen.

Man wird in diesem Land alt wie der Hund alt wird; es kommt eben so über Einen. Man war niemals Herr über das, was man das Leben nennt; man besaß nie den Hochmut. Das Leben, das Leben. Man ist weniger Herr als Beute des Lebens; das Leben macht mit den Lebenden, was es will, nicht sie mit dem Leben. Es ist mächtig und unbekannt; es hockt wie ein Tier auf den Menschen, beißt sich fest, schlemmt, nährt sich.

Ich lernte auf Kreta, daß man auf ganz andere Weise mit dem Leben stehen kann wie wir, die wir uns in die Überzeugung verrannten, daß wir Herren seien des Lebens. Sodaß wir, ganz folgerichtig, darauf kommen mußten, es herzustellen und nun ja auch fieberhaft daran arbeiten. Leben herzustellen, also zu steuern, in den Griff zu bekommen, allmächtig durch Wissenschaft, was man jetzt halt so Wissenschaft nennt, Nichtwissen bei Vielwissen.

Gut. Wäre zu wünschen, daß uns dies Herrentum anschlägt. Ich wäre froh, etwas davon in den Gesichtern zu sehen. Doch muß ich meinen, daß ich auf Kreta, wohin die Neuzeit noch nicht kam, davon mehr sah.

EIN BÜRGER

Der junge Arzt und Botaniker Franz Wilhelm Sieber, dessen vorhin gedacht wurde, hat im Jahr 1817, im achtundzwanzigsten Jahr seines Lebens, die Insel Kreta ein ganzes Jahr lang bereist und alles, was durch seine Augen und Ohren in ihn einging, mit der Treue und Redlichkeit aufgeschrieben, die einmal deutsch war. Es ergab zwei recht starke Bände. Es empfiehlt sich, von einem Land, in welchem man unterwegs ist, eine alte Reisebeschreibung zu lesen. Da gewinnt man, dem räumlichen Sehen vergleichbar, zu welchem wir durch die Winkelstellung unserer zwei Augen begabt sind, ein doppeltes zeitliches Sehen. Eine Gabe Zeit zugegeben, das bringt die Dinge zum Reden. Trinkt man vom Zeitwasser, so versteht man. Zeit bringt auch eine Gabe Trauer mit ein, die, wunderbarer Weise, verwandt mit Hoffnung und Trost ist.

Welches Abenteuer das war, damals. Das Jahr über zerbarsten an der Nordküste von Kreta eine größere Anzahl von Schiffen. Das Verfehlen von Häfen, die Schwierigkeiten der Ortung, wenn der Himmel bewölkt war, die Mühe, ein Segelschiff in Stürmen zu halten, das Ausbleiben von Nachrichten während der ganzen Seereise und die Unmöglichkeit, etwas mitzuteilen –: das alles machte das Zerschellen von Schiffen an Klippen und Küsten zum alltäglichen Vorgang. Man dankte Gott auf den Knien, wenn man bloß strandete und nicht scheiterte, wenn also das Holzschiff nicht gänzlich in seine Scheiter zerfiel. Welches Ereignis, wenn man heil ankam. War man im fremden Land, so war man weit mehr aus der Welt als jetzt auf dem Monde. Briefe gingen ja lang. Im fremden Land Recht zu bekommen, war schwierig; der Betrug am Gast blühte.

Die Schilderung solcher Umstände läßt eine Reise, die im vorigen Jahrhundert stattfand, vor nicht sehr langer Zeit also, als ein archaisches Unternehmen erscheinen; man sieht sie weit weg und winzig. Wie nah aber wirkt die Schreib- und Lebensweise von damals. Solche Texte sind frischer als die Novitäten vor fünf Jahren, die zur Zeit ihres Erscheinens zur Kenntnis zu nehmen, für unerläßlich galt, an deren Titel man sich jetzt kaum noch erinnert und die wiederzulesen, niemandem zu Sinn kommt.

Der junge Sieber war ein ungenialer, keineswegs ungewöhnlicher Mann; er verhielt sich wie zu seiner Zeit Alle. Man braucht bloß einen Sammelband jener Zeit vorzunehmen; der Ton, auf den man gestimmt war, war ein Grundton. Wie dieser Sieber zu Fuß und auf dem Maulesel reitend monatelang über die Insel zog, die als Hochgebirge so viel größer ist als man es sich bei einem Blick auf die Landkarte vorstellt, Pflanzen einsammelnd und pressend, Tagebuch führend, Beobachtungen seiner Vorgänger, des berühmten Tournefort, richtigstellend: das geschieht redlich, treuherzig; keine anderen Vokabeln als diese kaum noch verwendbaren bieten sich dafür an. Wie man ihn, den fränkischen Wundermann, denn man nannte die Deutschen die Franken, in den Bergdörfern ans Krankenbett bat, oft zu unheilbar Kranken, so daß er das grenzenlose Vertrauen, das man ihm zubrachte, nicht rechtfertigen konnte, Scheinhilfen geben mußte –, das und viel anderes ist maßvoll und offen, uneitel, ohne Grellheit beschrieben, eben redlich. Der Mann fühlt sich als Beiträger zur großen Welt-Beschreibung, die seit dem Herodotos im Gang ist und offensichtlich den Sinn hat, die Dinge den Menschen bekannt und befreundet, und das heißt, die Welt bewohnbar zu machen. Ohne sich dessen bewußt zu sein, kennt er die Linie, die zwischen Nutzung der Dinge und ihrer überzogenen Ausnutzung, Ausforschung und Überlistung verläuft: das ist die Grenzlinie zur Neuzeit. Er beschreibt. Wenn man das Wort beschreiben so hören will wie beschwören, wird man verstehen, was gemeint ist.

Wie reich, wie gediegen ist die botanische Kenntnis des Mannes, der noch nicht dreißig ist. Daß er außer dem Französischen auch das Italienische spricht, und daß er im Lateinischen und Griechischen zu Haus ist, versteht sich in seinen Tagen von selber. Wie kennt er sich aus im pharmazeutischen Fach, wie genau ist seine Kenntnis der Stoffe; man wundert sich, wie viel man damals schon wußte, wie viel da beim Alten blieb, auch wenn man die Substanzen jetzt nicht mehr aus dem Gewachsenen zieht, sondern herstellt. Wie übertrifft er die ärztlichen Scharlatane der Insel an solider Kenntnis, an Menschenfreundschaft, an Verzicht auf Blendung. Das ist sein Verdienst nicht, er weiß es nicht anders; es ist sein Status, den er mit seinem Volk, seiner Zeit, seinem Stand teilt; er ist anständig. In dem Wildwest-Film, den man die Weltgeschichte nennt, gibt es Einlagen, die nicht aus Schießereien und Überfällen bestehen. Dann scheint sich etwas zusammenzufügen, eins baut sich aufs andere, noch ein Stein, wahrhaftig, es

hält noch, fast könnte man meinen, es komme für lange etwas zu Stande, verschont von der Lust des Einreißens, die der Weltgeschichte doch einwohnt. Es sind aber nur Einlagen.
Der junge Reisende zeichnet; auch das war zu seiner Zeit nichts Besonderes. Es sind treuliche Aufnahmen dessen, was er gesehen hat; jedem Tonkrug, jedem Schiffs-Tau, das gerollt in der Ecke liegt, geschieht auf diesen Blättern sein Recht. Das will keine Kunst sein und ist doch eine, denn es ist die Bemühung, mit den Dingen in einen Vertrag zu gelangen. Dann können die Dinge nicht anders, sie müssen antworten. Es ist ein Weltwerben.

PEST, LEPRA UND DIE TÜRKEN

In diesem kretischen Reise-Bericht kommen drei Verhängnisse immer wieder zur Rede; sie durchflechten ihn wie drei Litzen.
In die Stadt Chania dringt vom Westen der Insel die Pest ein. Die Lepra, der Aussatz also, ist das andere Unheil der Insel; jede Stadt, jedes Dorf hat seine Verstümmelten, die man ausstößt; sie kümmern in Felsenlöchern und Strohhütten. Das dritte Unheil: die Türken. Im Namen der Rechtgläubigkeit, und was geschähe in deren Namen nicht, im Besitz einer Heils-Lehre, bedrückten die Türken die Insel damals schon seit zweihundert Jahren; das griechische Festland schon seit vierhundert.

Die Pest: jetzt sind das nur noch Balladen. Anders damals. Der junge Arzt steht am Bett eines Kranken, der angibt, seine gewohnte Kolik zu haben; er ist der Bruder des Bischofs. An diesem Morgen erst kam er vom Westen der Insel, von Kastelli Kissamu her, zur Stadt. Aber die Symptome, die der Arzt aufmerksam anhört, passen nicht zu einander; so kann die Sache nicht stimmen. Der junge Arzt schöpft Verdacht. Wenn es die Pest wäre, hätte der Kranke nicht in die Stadt kommen dürfen. So versucht Sieber es damit, dem Mann auf den Kopf zuzusagen, er lüge. Da hebt Jener die Bettdecke, wortlos, und weist mit beiden geöffneten Händen, Handteller nach oben, es ist eine sehr griechische Geste, welche auch die Italiener kennen und mit ihrem Ecco begleiten, auf die verfärbte Innenseite der Schenkel. Die Pest ist da. Monate später wird die Stadt Chania ein trostloses Bild bieten: Verschlossene Häuser, versiegelte Läden, gestorbene Straßen und Plätze.

Andere Geschichte. Am folgenden Tag soll ein Maultier den Forscher nach Rethymnon bringen. Als er sich nähert,schnobert das Grautier, macht den Hals lang, schaudert, weicht mit einem Seitensprung aus, und das wiederholt sich, so oft der Reisende sich nähert. Tiere, so heißt es, wittern den Pesthauch. Betroffenheit, Verstörung. Da kommt, unterwegs zwischen Chania und Suda, ein warmer heftiger Regen und durchnäßt Alle. Der Landwind, der danach aufkommt, trocknet. Hinter der Suda-Bucht erneute Versuche, mit dem Maultier zurecht zu kommen. Erst zeigt es sich mißtrauisch, schnobert, vergewissert sich mehrmals, zeigt sich friedlich, läßt aufsitzen. An den folgenden Tagen keinerlei Anzeichen der Krankheit. Hat der Regen den Geruch aus den Kleidern gewaschen?

Der Pest, der Lepra zum Opfer zu fallen oder zu entrinnen, war Schicksal. Die Ursachen verborgen, allenfalls zu vermuten, der Vorgang dunkel, Heilung also nicht möglich. Jetzt, wo jedes Schulkind einen Begriff von Erregern hat, wo bekannt ist, daß es die Flöhe der Ratten waren, welche die Pest übertrugen, wie ja in den Bergdörfern droben, wo zwar Flöhe, aber keine Ratten waren, nie Pest war –, jetzt also, wo wir aufgeklärt sind, haftet dem Schicksal von damals etwas beinahe Komisches an. Das Schicksal: also waren es Floh-Bisse.

Nur langsam. Die Pest ist abgedrängt auf wenige dunkle Flecken des Erdballs; die Lepra nicht anders. Ein Besuch auf der Leprosen-Insel Spinalonga vor Kreta, einer weitläufigen, ehemals venezianischen Festungsanlage, bot, als ich vor zwanzig Jahren zwei Tage lang dort war, nichts gar so Gräßliches mehr. Keine Verfemung mehr, die das Schlimmste war; keine Angst mehr vor Ansteckung, seitdem wir wissen, drei selten zusammentreffende Faktoren sind Vorbedingung der Lepra. Die Bewohner, vielleicht drei oder vierhundert Befallene, nicht bloß aus Kreta, sondern auch weither, litten nicht oder wenig, lebten dörflich in der großartigen, wenngleich von ihnen nicht weiter geschätzten Kulisse, handwerkten, zeugten. Ich war Gast einer Kindstaufe; der lepröse Pope tunkte das Kind der leprösen Eltern ins Taufbecken.

Die Erkrankten, deren Befall sich oft nur in der Verkrüppelung einer Hand merklich machte, lebten ganz friedlich auf der heroischen Meerfestung. Wie hebt sich, was Sieber vor anderthalb Jahrhunderten beschrieb, von dem ab, was jetzt ist. Keine Ächtung mehr, an ihrer Stelle Erkenntnis. Welcher Fortschritt zum Guten.

Sofern jedoch der Mensch des Menschen Feind ist: Keinerlei Fortschritt. Ewiger Rückfall. Immer dasselbe. Nie hatte ich, außer bei Sieber, die Türken-Bedrückung so genau und sachlich, fast gleichmütig beschrieben gefunden wie Pest und Lepra, Übel, die langher ererbt sind, mit denen man sich abfand. Dieses perfekte System einer Bewachung bis ins letzte Gebirgsdorf, diese ausgedachte Bedrückung. Dieses Klein- und Dummhalten des unterworfenen Volkes, dieses bewährte Ohne Nachrichten Halten. Dieses Vorschieben minderer Subjekte als Funktionäre und Statthalter, weil sich die Besseren dafür auch nicht hergeben. Die Erfindung von Schauprozessen; die intime Kenntnis der Waffe, die Angst heißt. Diese Bespitzelung. Dieses Arbeiten mit Verrätern, die sich, wenn sie sich sogar beim stolzesten Volk, bei den Kretern, finden, überall anderswo auch finden. Die Verfolgung des freien Worts, das Verbot freier Presse als der Haupt-Satzung, da man die Sprengkraft des Worts kennt. Und wie seltsam: daß der Unterworfene, Unterdrückte, wenngleich hassend, doch manche Sitten, Wendungen, Denkweisen, Gesten, vom verhaßten Sieger annimmt. Diese Übernahme, kaum zu begreifende Anpassung: auch sie scheint zum Bild zu gehören. Ich las den alten Text als ob er neu wäre.

XIII

WARUM REIST MAN EIGENTLICH?

Man reist, um die Welt bewohnbar zu finden. Denn daß sie nicht mehr bewohnbar sei, ist ein Verdacht, der aufkommt. Nicht mehr bewohnbar die Städte, wo sie wie die Raupen übereinander kriechen, ihre Absonderungen zechen, sich mit Lärm foltern, sich unausstehlich vorkommen. Also bezieht man die Vorstadt; nach einer Weile erfährt man, sie ist erst recht nicht bewohnbar. Aufs Land, wer kann das; Land, es gibt bloß noch Vorstädte. Eine Flucht folgt der anderen; man weiß nur, wovon man weg will. Auch die Reisen in den Weltraum sind Fluchten; wären sie Abenteuer, so müßten sie wunderbar sein, aber wo bleiben die Wunder? Man befördert die hiesigen Banalitäten dorthin, Imperialismus des Weltbanalen, des neuen Welt-Übels. Langsam dämmerts: Es war die Kunst aller Künste, diese Welt zu bewohnen. Eine Kunst, die zeitweilig glückte, und nun auf einmal nicht mehr.

Also reist man, um das Geheimnis der Bewohnbarkeit dieser Erde in Resten zu finden, eine andere Archäologie. Man sucht das Verlorene; irgendwo muß es doch sein. Wie gelang, was nicht mehr gelingen will? Zwar weiß man, wenn man es irgendwo fände, es könnte keinesfalls so wiederholt werden. Es wird niemand so töricht sein, daß er glaube, Verlorenes ließe sich aus Flicken zusammennähen, Geglücktes könne noch einmal auf dieselbe Art glücken. Nachahmen ist das Sicherste, wenn man verfehlen will, was man nachahmt.

Was also sucht man? Man sucht, dahinterzukommen, wie es denn möglich war, die Welt bewohnbar zu finden; dies verdiente den Namen des Wohlstands. Vielleicht daß man doch irgendwie, wenn auch auf andere Weise, zum Ziel käme. Das Ziel wenigstens müßte man kennen. Man reist, man sucht Wohnung.

AUF DEM BERG ATHOS

So gehe ich immerfort über die Klosterhöfe des Athos, uralte Steinplatten, klick-klack. Vielstöckige Bauten, immerfort Zugebautes, immenses Gehäufel, weniger gebaut als genistet. Baugruppen, deren jede ihre Unvergeßlichkeit hat; jede mit dem Prägmal des Verstiegenen, Verrückten.
Im Gäste-Flügel, kalkweißer Korridor, ging ich auf ein Blindfenster zu, in augenblicklicher Neugier. Ein Außenfenster konnte das nicht sein, wie also? Ich öffnete, auf die Gefahr hin, zu verstoßen, da ich ja Fremder und Gast war, beugte mich, fand, daß es ein weiterer Innenraum war, auf welchen das Fenster hinein- und hinabging, tauchte ein in das braune Gold einer Kirche, in die ich von oben hineinsah; das Fenster war in ihrer Wölbung. Sie war klein, oval und warmduftend, dämmerig, holzgeschnitzt wie eine Geige, auf deren Holz so viel hundert Jahre geduldig geübt worden ist, daß sie fast mehr aus Tönen als aus hölzernem Holze bestand, sich entstie-

gen. Den Fuß auf die eigene Hüfte gesetzt und über sich selber gestiegen. Ich sah wohl, auch der letzte Stallwinkel des gesamten Kloster-Genistes ernährte sich hieraus.

So wandere ich in Nächten, träumend und halbträumend, über die uralten Pflaster-Wege, über Ölberge, durch Strauch-Wälder von Edel-Kastanien. Gehe über den Höhenrücken der Halbinsel, ihr Rückgrat. In der Tiefe Meerbuchten, weiße Strand-Säume, Glitzer-Straßen von Mondlicht. Tiefe Stille. Grillen-Gezirp, dieser geniale Einfall der Stille, sich hörbar zu machen.

In so einer Wander-Nacht kam ich an eine Stelle, saß da, war angerührt, wie bezaubert, beglückt, beseligt und wunschlos; bis an mein Lebens-Ende werde ich an diese Nachtstunde denken. Dabei war überhaupt nichts Besonderes; ein wenig altes Gemäuer, Zypressen, Steinstufen. Ein Öl-Garten, zerbrochene Ölmühle, eine verfallene Behausung. Eine aufgegebene Einsiedler-Wohnung, Spur eines Waldbruders. Riedgras, jetzt im Sommer verdorrt, zu trockenem Filze geworden. Zehn, zwölf ungeheuere Zypressen, an deren Firnis-Tatzen das Mondlicht herabtroff, eine tröstliche Milchflut.

Ich war glücklich, nichts weiter. Als ströme der nächtlich friedliche Platz eine Kraft aus, wie merkwürdig. Spur eines geglückten Lebens, Siegel einer Erfüllung. War es ein immerwährender Tag- und Nacht-,

Wach- und Schlaf-Beter gewesen, wie es sie immer noch gibt auf dem Athos? War es ein Büßer? ein Weiser? ein leidender Denker? Ein Asket, was ja nicht Selbstquäler heißt oder Geißler und Faster, vielmehr ein Über, im Training? auf dem Wege zur Hochform? Also Einer, der seine Lebenszeit nicht in Vordergründen vertat, in Kleinzielen? Einer, der alles andere wegließ?

So schlupfe ich ein in die Kirchen, in denen es Nacht ist. Marmor-Böden, Mosaik, bunte Muster, im Lauf der Jahrhunderte aus der Waage gekommen, Stein-Wellen, Stoff-Wellen, dem Fuß eine Zärtlichkeit, eine halbvermerkte Liebkosung. Dem Fuß, der eine verstoßene Hand ist; er dankt es.
Welche Erfindung, alle drei Stunden Hymnen zu singen, damit Gott nicht in Vergessenheit komme. Wie der Schwimmer auftaucht und Luft holt, dann wieder unter, so stößt hier der Schläfer rhythmisch ins Wache, ins Gebet, in die Andacht.
Diese Kirchen, ihren Aufschein gewinnen sie in den Nächten. Licht kann nur in der Finsternis sein, in der Finsternis dieser Welt, dieses absurden Theaters. Erkenntnis, die uralt und neu ist. Uralt wie die kleinen Kirchen, in die ich in Sommer-Nächten einsickere, ein paar Stufen unter die Erde; entweder sie sind in die Tiefe gesunken vor Alter, oder sie sind gleich zu Anfang höhlenartig gebaut, zur Versen-

kung. Schlupfe ein in die Höhlen, halb Christ und halb Heide, also ganz Heide, bloß nicht stolz darauf, vielmehr neidisch.

LEBENSNEID

Denn es war der Neid, der mich dorthin trieb, auf diese seltsame Halbinsel, und der Neid hieß mich schreiben. Aufschreiben, daß es das gibt: Ein Leben, das nicht Zweifel an seinem Sinn hat. Da war kein Hunger nach Leben, wieso denn; sie waren des Lebens gewiß. Kein Lebens-Ekel, weil das Leben, dem sie zulebten, das köstlichste war; Licht fiel schon durch Luken und Spalten. Keine Angst, keine Leere, da Erfüllung gewiß war.

So unweise war es also doch nicht, an ein Jenseits zu glauben. Wer es glaubte, war jedenfalls der schrecklichen Krankheit entlaufen, nach dem Sinn seines Treibens zu fragen und ohne Antwort zu bleiben. Da wußten Die also, was wir inzwischen verlernten und was zum zweiten Mal schwerlich gelernt werden kann: Daß der Sinn des Lebens immer bloß von etwas außer ihm kommen kann. Wie tollkühn, welcher Entschluß und welches Kopfüber, eines Tages auf den Gedanken zu kommen, es könne aus einem Leben im Jenseits Sinn in dieses Leben einfallen. Sehr tollkühn. Aber so war man doch von der schrecklichen Krankheit befreit, keinen Sinn im Leben zu finden. Das hätte Neuzeit niemals gedacht, das war toll, das war eine Neuigkeit ohnegleichen: Leben, das seinen Sinn aus sich selbst nimmt, wird sinnlos.

Der Berg Athos muß für die Neuzeit ein Altertum sein. Daß er alt ist, auch müd: nicht zu leugnen. Aber will Neuzeit immer so knabenhaft bleiben, daß sie jeweils das Vorige für töricht hält und nur das, was als neue Lehre gerade im Schwang ist, für gültig? Hat sie so viele Ketten zerrissen und so große Erfolge errungen, um sich von einem so archaischen Trieb, wie es der Väterhaß ist, tyrannisieren zu lassen?

GUTE ZEIT

Es war Silvester, ich hielt mich bei den Mönchen des Klosters Dionysiu auf, das nach Art der tibetanischen Bergklöster auf einen Felsen gebaut ist; der Felsen steht hoch überm Meer. Ich betrat die nächtliche Klosterkirche, die klein war, goldglitzernd, holzgeschnitzt, von den Gesängen der Mönche durch die Jahrhunderte selber zum Tönen gebracht, eine Bratsche. Aus dem Singen und Beten und Schreiten und Knien der Mönche in jener Fest-Nacht löste sich mir ein Moment, machte sich selbständig, schwebte ab, kam später zurück, setzte sich fest in meinem Gedächtnis; warum gerade er, blieb dunkel. Wir kennen den Vorgang, aber wir kennen die Gründe nicht, warum aus einer ununterbrochenen Folge von Eindrücken sich einige lösen und haften; wir müssen sie machen lassen.

In solchen Fest-Nächten ziehen die Dienste sich viele Stunden lang hin. Der Priester singt, der Chor der Mönche antwortet, Hymnen blühen, auch Laien sprechen. Lichter werden entzündet und wieder gelöscht, es geht Stunden um Stunden. Manchmal scheint die Liturgie klein zu brennen, dann wieder flammt sie.

So kam es, daß ein junger Mönch, ein Diakon, mit einer Bart-Krause, wie sie die jungen Männer auch hier wieder tragen, dort aber von jeher, dazu lange Haare, die überm Nacken in einem Kauz enden, sich der Stelle näherte, wo ich im Dämmer stand, und eine Öl-Lampe anzündete, wie es sein Dienst war. Er neigte dabei sein Gesicht, um den wollenen Docht schräg von unten zu prüfen, nichts Besonderes, kaum eine Gebärde zu nennen; ich sah in sein unausgeschlafenes, dennoch bemühtes Gesicht, ohne daß mir der Vorgang, der nebensächlich genug war, spürbaren Eindruck gemacht hätte, warum auch. Als ich aber nach vier oder fünf Jahren wieder auf dem Berg Athos zu Gast war, und wieder nach Dionysiu kam, dieses Mal an einem Tage im Spätherbst, und wieder an der nächtlichen Hore teilhatte, kam derselbe Diakon wieder und, als wären nicht Tage und Jahre vergangen, zündete er dieselbe Öl-Lampe an, hatte wieder den dienstlich bemühten, unausgeschlafenen, prüfenden Schrägblick zur langsam aufbrennenden Lampe. Auf einmal sah ich die vielen Tage und Nächte, die vergangen waren und die kommen würden in seinem Leben, in denen sich nichts, nichts begab. Aneinander gefädelt die Tage; Zeit, die große Fälscherin, fast gelöscht, fast entmachtet. Zeit aufgelöst wie Honig in Wasser. Erfüllte Zeit, weil sie keinerlei Füllsel hat, keinerlei Neuigkeiten. Zeit wie eine Wunde, auf die Salbe getan wird.

Ich begriff, welcher Abgrund besteht zwischen unserem erfolgreichen Leben, das vollgestopft ist mit Taten, Untaten, Fortschritt und ewigem Rückfall, und dem alten untergehenden Osten, der die zu voll gekritzelte Tafel zu löschen suchte, um sie frei zu machen für etwas, das Weisheit zu nennen, schon zu tüchtig, zu stolz klänge.

XIV

AUF DELOS

Noch eine andere Silvester-Nacht fällt mir ein. Auf der kleinen Insel Delos in der Aigais wohnen nur ungefähr zwanzig Menschen, obwohl es doch eine der berühmtesten Inseln der Welt ist. Einige davon sind Bauern, die nur einen Teil des Jahres dort hausen, in Hütten, die bloß aus Steinen geschichtet sind, halb im Berghang stecken. Dann gibt es ein paar kleine Anwesen, die auf dem baumlosen Dünen-Grase herumstehen; man hat sie für die Museumswärter und ihre Familien gebaut. Und endlich ist noch ein kleiner Touristen-Pavillon da, wo im Sommer die Reisenden, wenn sie zu vielen Tausenden aus aller Welt kommen, um sich ein paar Stunden lang durch die Ausgrabung führen zu lassen und, wenn sie erschöpft und wie leer sind von allem dem, was in sie gefüllt wurde, eine Orangeade oder eine Cocacola bekommen. Der Pavillon hat auch zwei Fremden-Zimmer.

Im Winter leert sich die Insel von ihren Bewohnern. Die Bauern sind ohnehin nur zur Saat- und zur Erntezeit da und die Museums-Wärter fahren aufs Festland oder nach Mykonos hinüber, weil sie Sehnsucht haben, einmal wieder Gassen und Plätze und Läden und eine Kirche zu sehen, auch weil Verwandte dort wohnen.

So eröffnete mir der Wirt des Pavillons, in dem ich hauste, daß er die Absicht habe, über Weihnachten, Neujahr und die Heiligen Drei Könige nach dem Piräus zu fahren, wo er eine Frau, zwei kleine Buben und ein Haus hatte. Der Pavillon werde geschlossen. Das mußte mir leid sein, denn ich war vor nicht langer Zeit angekommen und habe nicht die Gewohnheit, an einem solchen Platz kurz zu bleiben; ich will lieber weniger Plätze sehen und länger bleiben, viele Abende, viele Vormittage, auch mich beschäftigen, weil ich die Erfahrung gemacht habe, daß man erst irgendwo wirklich gewesen ist, wenn man beschäftigt war.

Der Wirt meinte spaßhaft, dann müsse ich eben allein auf der Insel bleiben; so brachte er mich auf diesen Gedanken. Er konnte das sagen, denn ein griechisches Gasthaus besteht aus nichts als aus den vier Wänden, den Wackel-Stühlen und ein paar Holz-Tischen; da ist nichts fortzutragen. Die Wirtschaft besaß ein Prunkstück und das war der Kühlschrank, welcher der Gesellschaft gehörte. Wir nahmen den Inhalt auf; was fehlen werde, wollten wir bei seiner Rückkehr abrechnen. Wein war genügend vorhanden. Dann fuhr der Wirt ab.

Ich war nun allein auf der Insel, allein mit den berühmten archaischen Löwen der Löwen-Terrasse, den Tempel- und Villen-Ruinen, den kostbaren Funden, welche die Welt kennt. In der Lage Robinsons war ich, der einen Klumpen Gold fand. Die Tage, nicht kalt, waren klar und durchsichtig; ich stieg viele Male auf den Gipfel des Kynthos, wo Reste von einem Zeus-Heiligtum sind und von wo man weit auf den Ring sieht der Nachbar-Inseln. Das Meer ist im Winter großartig; warum die See purpurn genannt werden konnte, lernt man nur im Winter.

Der Schein meiner Propan-Gas-Lampe fiel aus dem Fenster aufs Land, das jetzt wieder so, wie durch viele Jahrhunderte war, als niemand sich darum kümmerte, Alle vorbeifuhren. Nur vielleicht ein paar geschichtete Kalk-Öfen rauchten, in denen die Bauern der Nachbar-Inseln den parischen Marmor der antiken Stand-Bilder zu Kalk verbrannten; Mörtel für ihre Häuser; besserer Marmor war doch weitum nicht zu finden.

Der Steppenbrand der Geschichte war damals halt weitergebrannt; andere Länder, andere Brandstätten; über dieser Land-Scherbe nur ein Flor Asche. So fiel mein Lampenschein auf das Riedgras, wie künftig vielleicht auf Europa.

Nichts geschah eine Reihe von Winter-Tagen, die dort nicht winterlich sind; nichts. Mir leuchten die Tage, die ich nicht gewollt, nicht herbeigewünscht hatte. Leben ohne Neuigkeiten will ja gelernt sein.

XV

DIE NEUEN SKLAVEN

Auf dem Markt-Platz von Delos, auf welchem zehntausend Griechenlandfahrer nur Viertelstunden verweilen, weil sie sich in dem Irrtum befinden, zu meinen, Plätze, von denen sie so Wunderbares gehört haben, würden ihnen in Minuten alles das, was sie wissen, aufsagen –: auf dem Markt-Platz der Insel Delos sah ich im Abendlicht eines März-Tages eine Versammlung, an hundert Menschen. Eine Reisegesellschaft war am Nachmittag angekommen, das geschah seltener, denn die meisten Reise-Schiffe gehen abends oder nachts in der Bucht zwischen der kleinen blühenden Insel und der größeren Nachbar-Insel Rheneia vor Anker, liegen alsdann im Morgenglanz auf dem Wasser wie weiße Meer-Blumen, booten aus, haben mittags den Programm-Punkt Delos erledigt, eilen weiter. Die aber waren um die Mittags-Zeit angekommen und, da es noch früh im Jahr war, gerieten sie vor ihrer Weiterfahrt in die Dämmerung. Mir war ihre Ankunft entgangen, denn ich war auf der anderen Seite der Frühlings-Insel gewesen, kam jetzt gerade zurück, bemerkte vom Berg her die Menschen-Ansammlung im Halbdunkel, hörte Rufe, sah, wie der Reise-Leiter bemüht war, seine Schar einzutreiben, damit nicht Einige, die es sich hätten einfallen lassen in den Ruinen-Gassen zu schweifen oder sonst zu verweilen, zu schauen, zu hoffen, zu schweigen, anstatt sich zur Führung zu halten –, damit solche Einzel-Geher und Schweifer nicht beim Einbooten zurückblieben und das Programm durcheinanderbrächten, denn programmiert sind da Alle. Also mußte der Leiter den Hirtenhund spielen, dringlich werden, zusammentreiben und scheuchen, auch mich, denn er hielt mich für einen der Seinen, sonst war ja auf der Insel kein Fremder. Da ich stehen blieb, wo ich stand, auf irgend einer Marmor-Schwelle, im Halbdunkel, mich nicht rührte, auch, in einer Art Übermut oder Hochmut, nichts sagte, obwohl er es in allen Sprachen, außer der Landes-Sprache, versuchte, wurde er böse.

Mich beschäftigte Anderes. Also hatte der Markt-Platz, wenngleich ihn nun nicht mehr Gebäude, bloß noch Grund-Mauern und Trümmer von Heiligtümern, Schatzhäusern und Altären umgaben, wenngleich er also nur noch angedeutet bestand, dennoch seine uralte Gabe, Menschen zu versammeln, behalten. Jedoch nicht die archaischen Feste, nicht ihr berühmtes Gewimmel war es, worauf mein Gedanken-Sprung sprang; ich dachte an spätere Szenen, die diesem Platz, wie ich fürchte, nicht weniger eingebrannt sind: Als man, schon zu imperialen römischen Zeiten, bei fast schon verstorbenem Apollon, auf diesem Markt-Platz Sklaven aus allen möglichen Ländern verkaufte, marktmäßig, regelmäßig, denn, da ja die Weltgeschichte solche Verhöhnungen liebt: dieser allerhellenischste Markt-Platz war nunmehr der Weltmarkt für Sklaven. *Er* war es; *er* versammelte; offenbar *sein* Daimonion und Genie war es: erst Feiernde, später Verschleppte aus Lydien und Syrien, Parther und Skythen, Frauen und Kin-

der, Burschen und wertlose Alte, man weiß ja. Entrüstung darüber ist billig, ist zu sehr mißbraucht worden, um aus alten Schulden Gründe für neue zu machen, Schein-Recht-Titel für neue Unterdrückungen, neue Straflager, Arbeitslager, neuen Terror im Namen von neuen Heils-Lehren.
Damit nun freilich hatten diese Reise-Lustigen, diese freiwillig Zusammengetriebenen nichts oder wenig zu schaffen; Ähnlichkeit war allen Falles im Dämmer, der Gedanken-Sprung gar nicht statthaft. Man verkauft und verlädt ja, so im Allgemeinen und in dieser Form nicht mehr Sklaven. Man ist andere Wege gegangen. Man hat die Fron abgewälzt auf die Dinge. Apparaturen als Sklaven, Automaten, die nicht klagen, Roboter, die, wenn es vom Herren gewünscht wird, noch lächeln.
Das wird niemand bedauern. Wer wollte Sklaven-Zeiten zurückwünschen. Nur fragt sich:
Wird es sich nicht als schrecklicher Irrtum erweisen, wenn man meint, die Dinge, die nunmehr an Stelle der Sklaven versklavt sind, ertrügen den Terror, ohne je eine Rechnung zu stellen? Wenn man meint, das Jahrhundert aus List geflochten, denn Forschung ist Überlistung der Dinge, werde so durchkommen? Wenn man meint, die Überlisteten seien so wehrlos? keine Gegenwehr zu befürchten? kein Spartakus? kein Aufstand der neuen Sklaven? keinerlei Notwehr? Wenn man die Dinge dieser Welt für so stumpf, für so tot hält? Aber so waren Sklaven-Halter doch immer gesonnen, und Eroberer. War ihre Sache nicht immer und allererst eine grenzenlose

Verachtung? Damals Menschen-Verachtung, jetzt Verachtung der Dinge? War es nicht Verachtung, die glauben ließ, es sei nur List und ein bißchen Druck nötig, um zu unterwerfen, stumm und gefügig zu machen? Meint man, das Unternehmen der Welt-Ausrechnung und Welt-Herstellung werde niemals zurückschlagen? Meint man, den Dingen dieser Welt mit den Punkt-Augen des Ausbeuters begegnen zu können, und es werde folgenlos bleiben? Ist noch nicht der Gedanke gekommen, in einer Zukunft (es wäre wohl nicht mehr die unsere) könne ein Sozialismus erwachen, der sich auf die unterdrückten, verstoßenen, ausgespähten und ausgebeuteten Dinge bezieht? Man mag den Gedanken befremdlich und sogar lächerlich finden, aber vergißt man, daß es den Siegern immer schon lächerlich vorkam, von der Not der Unterworfenen zu sprechen? daß sie, anstatt dessen, vom Glanz ihrer Rüstungen schwärmten, ihrer Waffen und von ihrem Wappenbilde des Adlers; man muß einen lebenden Kaiser-Adler von Nahem gesehen haben, um zu ermessen, was es bedeutet, daß dieses messerklirrende, überhebliche Scheusal von jeher Wappentier war.
Sind es nicht Adler-, Sieger-Gefühle, mit denen man jetzt die Fortschritte der Welt-Ausrechnung bedenkt, die Führung der Wissenschaft, die Triumphe über die Dinge? Aber hat man nicht die Erfahrung gemacht, daß Unterdrückung eine Zeit recht gut geht, dann aber anfängt zu kosten? Kann man glauben, die Dinge dächten niemals an Aufstand, seien zur Volks-Erhebung nicht fähig? Hätte man nicht an die ur-

alte Waffe der gepeinigten Unterdrückten denken sollen: an die *Möglichkeit eines General-Streiks der Dinge?* Brauchten sie mehr zu tun, als sich abzuwenden? sich zuzuschließen? einfach bloß zu verstummen? nur sich wegziehen?
Was dann geschähe, wäre das alte Los der Tyrannen: Tyrannen sind einsam. Es ist kalt um sie; kalt, einsam.
Wenn die Dinge sich wegziehen –: weggezogen, das andere Wort für abstrakt. Wegzug der Dinge, und das Abstrakte rückt nach.
Und wenn es so käme, wenn die Dinge sich zuschlössen –: würde sich alsdann nicht erweisen, daß wir ohne Vertrag mit ihnen nicht sein können? daß wir abstürben?
Ist das nicht schon im Gang? Wie kam es, daß Chirico schon vor fünfzig Jahren die Plätze der alten Städte so feierlich verstorben gemalt hat, Monumente kopflos: Bestattungs-Feiern der Dinge? Man nahm es so hin, daß Maler und Dichter die Welt auf einmal so kahl sahen; es war ihre Sache, interessant, es war eben ihre Marotte. Bald darauf sahen sie Wüste.
Also die Dinge sind tot. Nicht Gott ist tot, aber die Dinge; es war ein Nachrichten-Versehen, ein Übermittlungs-Fehler, eine Falschmeldung. Die Dinge sind tot, und wir (das war richtig) wir waren es, die sie erforschten, erwürgten, umbrachten. Wir waren es, die uns der Sünde schuldig machten: der Welt-Sünde einer Ehren-Kränkung der Dinge.
Von jeher hatten sie von der Mühe gelebt, die man

sich um sie machte. Schwer begreiflich: aber um Mühe gaben sie Leben. Man wollte sie mühelos, man wollte sie hergestellt haben. Das gelang auch. Aber um den Preis ihres Lebens.
Zwar gibt es noch Viele, die den Tod der Dinge nicht wahrhaben wollen. Sie ertragen die Nachricht nicht. Sie gleichen den Müttern, die ein Jahrzehnt die Nachricht verweigerten, ihre Söhne seien auf den Schneefeldern zugeweht worden und sagten: Ich weiß es, er lebt noch. Eines Tags aber werden es Alle einsehen und sich gestehen müssen, daß die Dinge tot sind. Dann wird in den Zeitungen stehen: Wie jetzt erst bekannt wird, sind die Dinge verstorben. Wir werden darauf noch zurückkommen.
Aber zur Zeit dieser Meldung werden nicht mehr Viele verstehen, was gemeint ist. Nur sehr alte Leute werden sich erinnern, in ihren jungen Tagen davon gehört oder gelesen zu haben: irgendwann einmal, vor Zeiten, lustige Vorstellung, sollten die Dinge, der Mond und der Bach und die Tanne, die Stadt und die Bucht und das Kornfeld gelebt haben.

NATUR-RECHT DER DINGE

Die Dinge für grenzenlos unterdrückbar, rechtlos, willenlos, fühllos und unbedürftig der Selbst-Bestimmung zu halten, das kann bloß, wer meint, daß sie weder Leben noch Macht hätten. Sie haben sie. Wovon sonst hätten die Gedichte, die Bilder, Verse, die Geschichten, die Träume von jeher gesprochen als eben von ihrer Gewalt?

Es ist der Herren-Wahn unserer Neuzeit, zu meinen, man könne die Dinge ohne Maß, ohne Grenze ausspähen, ausforschen, ausbeuten, und es werde schon keine Rechnung deswegen ins Haus kommen. Sie täuscht sich, die Neuzeit. Die Täuschung darüber: das eben ist Neuzeit. Neuzeit heißt: Sich darüber in Täuschung zu halten; ein finsterer, schwer lastender, dumpfer und, wie sie selbst sagen würde: mittelalterlicher Irrtum.

Ist auch vorzustellen, daß Jemand herginge und ein Natur-Recht der Dinge ausriefe? Wem sollte das einfallen? Und daß er gehört würde? Wirklich gehört, nicht bloß mit einem bedenklichen Kopfnicken?

Es hätte mehr Aussicht gehabt, einem hochmütigen Aristokraten aus der Zeit Ludwigs des Fünfzehnten ein Gefühl für das Volk, die Krapüle, zu wecken, als in einem Bewohner der Neuzeit die Vorstellung, daß die Dinge dieser Welt zu etwas anderem da seien, als von ihm ausgeforscht, verformt und ausgebeutet zu werden. Mehr Aussicht gehabt, aus einem Feudalherrn einen Sozialisten zu machen, als einen der Getriebenen, die der Fort-Sturz der Wissenschaft mitreißt, auf den Gedanken zu bringen, daß es einen Vertrag gab zwischen uns und den Dingen, und daß wir, wir es waren, die diesen Vertrag brachen.

Wenig Aussicht. Wenig Raum für die Vorstellung, die verachteten Dinge könnten sich eines Tages erheben, rote Garden bilden und ihre Unterdrücker umbringen. Was will man: dieser Aufstand geschieht schon. Die Ermordung der Zwingherren findet schon statt, ein allmähliches Siechtum. Wie einst durch tägliche Gaben von Aqua tofana ein schleichender Tod den ungeliebten Gefürchteten zehrte, so stirbt jetzt der Sieger, erkennt seinen eigenen Tod nicht.

Die Dinge sind doch, von ihrer Seite, auch nicht bloß gutartig, gebefreudig, mitteilsam und gesprächig. Sie neigen doch auch zu Übergriffen, zu Grausamkeit und Gewalttat. Es ist doch, auch was sie betrifft, besser, anzunehmen, daß sie, wie man es früher ausdrückte, ein Teil der gefallenen Welt sind. Heilsamer, anzunehmen, daß sie, unter anderem, zum Bösen neigen und unter Vertrag gestellt werden müssen; es ist doch alles nur Vertrag, Waage.

EIN SATZ WIE EIN DIAMANT

Mag sein, daß unserem Jahrhundert einmal die Rechnung gemacht wird, daß es ein paar Treppen-Stufen hinaufgelangt sei im Bemühen, die Unterdrückung des Menschen durch den Menschen zu bessern, obschon mit schauerlichen Rückfällen. Daß diesem Jahrhundert geglückt sei, durch Wissenschaft die Last von den Menschen auf die Dinge zu wälzen, indem sie die Dinge ausgeforscht, überlistet, angestrengt und genötigt habe: eine glorreiche Sache, und kostenlos, wie sie annahm. Doch es gibt einen

Satz von La Rochefoucauld, der mir hier am Platze zu sein scheint: einen Satz, der wie ein Diamant ist, funkelt, wenn man ihn im Licht hin und herdreht: Die Kunst aller Künste und die Weisheit aller Weisheit ist es, den Preis einer jeden Sache zu kennen.

WELTAUSRECHNUNG, SELBST-SCHÖPFUNG

Neuzeit ist Welt-Ausrechnung; ratio, die Rechnung. Alle Entstehungen müssen erforscht werden, damit alle Dinge nicht mehr so fehler- und mangelhaft, wie sie aus eines unbekannten, offensichtlich gestörten Schöpfers Hand kamen, noch einmal und perfekt gemacht werden können, in einer zweiten Schöpfung, von welcher selbst Theologen, dem Zeitgeist hinterherhechelnd, sprechen. Noch einmal und perfekt gemacht, und folglich der Mensch auch. Das Hauptziel: die Selbst-Schöpfung. Homunculus. Denn auch der Mensch muß hergestellt werden; ohne das wäre das Beginnen der Weltausrechnung gar nicht verständlich. Die Wissenschaft, die am weitesten vorn liegt, bestimmt alle anderen; die alten Wissenschaften sind ja bloß noch aus Pietät mit dabei oder zur Tarnung, werden so mitgenommen. Die Führung haben sie nicht mehr. Denn es ist die Spitze der Pyramide, welche die Pyramide regiert. Das Haupt-Ziel: die Selbst-Schöpfung, die Steuerung dessen, was man in frommen Zeiten Begabung nannte,

schon das Wort unausstehlich, eine Herausforderung: Gaben eines Gebers, dessen Wille unerforschlich ist? Kann Forschung sich auf so etwas einlassen?
Es ist gleichgültig, wie weit das Unternehmen der Selbst-Schöpfung schon gediehen ist oder nicht. Als ob sich in den letzten vierhundert Jahren die Forschung ein Ziel gesetzt und es nicht geschafft hätte.
Homunculus. Aber vom Homunculus, den Goethe vom Paracelsus hatte, wird dort, beim Paracelsus also, gesagt, daß sie, die homunculi, Riesen würden, großmächtig, gewalttätig, stärker als ihre Erzeuger. Man kann das in jedem Kommentar zum Faust lesen. Aber zuweilen sieht es so aus, als ob Welche den Raum nicht betreten könnten, dessen Tür sie doch fanden, und könnten ihn nicht ausschreiten.

KEIN AUFRUF

Ich möchte nicht, daß es sich wie ein Aufruf anhöre, was ich da vorbringe; an Aufrufen, Empfehlungen zur Welt-Änderung ist ja kein Mangel, und die meisten dieser Heils-Versprechungen dürften, ohne es zu wissen, den Charakter der Ablenkung haben. Denn Veränderungen gesellschaftlicher und ökonomischer Zustände würden an dem, wovon hier die Rede ist, ja nichts ändern. Im Fort-Sturz der Wissenschaft verbünden sich, die sich sonst hassen.
Appell, das müßte hart an die Grenze der Don Quichotterie führen, da man alsdann die Übermacht und

Großmacht, die am Werk ist, in grotesker Weise verschätzte. Es verriete auch stumpfen Sinn dafür, daß sie viele Mienen hat: wohltätige, grausame, hilfreiche und solche, in denen sich Unerbittlichkeit ausdrückt.

Aufruf, das würde auch voraussetzen, daß geglaubt wird, es gebe da Rückwege. Und das hieße wiederum, zu glauben, die moderne Wissenschaft sei noch Herr ihres Fort-Gangs, ihres Fort-Sturzes. Aber die Forscher sind ja die Getriebenen, nicht mehr die Herren der Forschung. Der Wagen, den sie da fahren, gehorcht ihrer Lenkung nicht mehr, das Lenkrad geht tot, die Bremsen tuns nicht mehr. Das Unerforschliche heißt jetzt: Die Forschung. Das Unheimliche heißt jetzt: Die Wissenschaft. Das Unzulängliche, das zu hoch hinaufgestellt ist, sodaß niemand mehr zulangen kann, ist nunmehr Ereignis geworden und nennt sich: Die nicht aufzuhaltende Forschung.

Also dann war alles nur eine Schlinge? Dann führte alles, schauerlich umwegig, zurück zu den Zeiten, die man die finsteren nennt, zu den ohnmächtigen, unaufgeklärten? Dann wäre Wissenschaft, wie sie geworden ist, das Unabwendbare? Dann wäre sie unser Schicksal? Das Verhängnis, das aufgeklärt werden sollte: als Forschung verkleidet trat es von der anderen Seite wieder auf die Weltbühne?

Und nicht einmal Verhängnis dürfen wir sagen, da es ein Wort Martin Luthers ist, ein Reiter-Wort, das er aufgriff. Man verhängt die Zügel, läßt durchhängen, das Pferd spürt den Nachlaß, wirft den Kopf,

zieht nach, der Reiter gewährt es. So Luther: Verhängnis. Die Zukunft verhängen. Den Dingen ihren Lauf lassen. Gott macht es. Gott schickt. Schicksal. Wie Gott will. Seine Fügung. Ich will mich darein schicken. Will mich fügen, verhänge.
Ach, wie vertan das. Wir sind zurückgefallen, sind wieder angelangt bei dem, was davor war, vor Gottes Welt-Lenkung. Wir sind wieder beim Fatum. Wie es beim Homeros war: Die Götter bloß Welt-Fürsten, und über ihnen die Moira. Moira schickt zu den Schatten, da können die Götter nichts machen. Wir haben die Moira wieder zur großen Gottheit gemacht: nicht Gottheit, nur großer Niemand, allwaltendes Garnichts.
Denn kein Gott war so zornig, wie es die moderne Wissenschaft ist.

XVI

Von Caspar David Friedrich, über welchen Max Ernst sagt: »es seien ihm, dem Max Ernst also, seitdem er begonnen habe zu malen, die Bilder Friedrichs im Sinn gelegen«, gibt es ein Skizzenblatt: Eine Tanne. Dünne Bleistift-Striche, treu, aber wiederum nichts so Besonderes. Eine Tanne eben. Die ungleich langen, struppig gestockten, weit ausschleppenden Zweige, wer kennt sie nicht. Die saftigen Nadeln, insgesamt hunderttausende, werden schon ihr Gewicht haben; daher diese Schleppen, die Schwerlast.

In der Ecke des Blattes ein Bleistift-Vermerk: »5½ Stunden«. Kein Zeichner, der sein Leben lang solches Notieren in Skizzenbücher geübt hat und die Sache gewohnt ist, kann fünfeinhalb Stunden zu so einem handgroßen Blatt brauchen. So kann der Vermerk, es gibt auch ähnliche auf ähnlichen Blättern, so am Tag vorher eine Tanne mit dem Vermerk »3½ Stunden«, nicht gemeint sein. Fünfeinhalb Stunden, eine Menge Zeit, um sie vor einem Baum zu verbringen; also von acht Uhr am Morgen bis mittags halb zwei, oder von zwei Uhr am Mittag bis abends halb acht Uhr. Wie soll da ein Lebenswerk fertig werden? Drängt denn die Zeit nicht? Man bedenke, und allein vierhundert und achtzig verschollene, vergessene Werke von Friedrich, die untergingen, von denen wir nur zufällig irgendwie hören, in Briefen, alten Ausstellungs-Katalogen, Nachlaß-Listen, Verkaufs-Akten.

Aber was kann der Vermerk sonst bedeuten? Welche Regung, ihn anzubringen, hat ihn veranlaßt?
Nur, daß dieser Zeichner so lange Zeit vor dem Baum, vor dem Ding harrte, wartete, hoffte. Hoffte? Doch offenbar, daß der Baum sich stärker zeige als er.

XVII

MODERNE KUNST

Moderne Wissenschaft, moderne Kunst. Wenn man dem Wort *modern*, das durch seine zufällige Nähe zu dem Wort Mode gefährdet ist, den Ernst gibt, der ihm zusteht, denn es besitzt alte Würde, via moderna, devotio moderna, ein Begriff aus dem Herbst des Mittelalters, Nachfolge Jesu, Thomas a Kempis, (also von modo soeben, nicht von modus, die Mode, die Tracht) –: so fragt sich, ob man die Kunst unseres Jahrhunderts zutreffend modern nennt. Ich glaube, die moderne Kunst ist nicht so modern wie sie selbst meint. Modern, das ist der alles überwältigende Panzer-Fortschritt der Ausspähung, Überlistung und Unterwerfung der Dinge; da kann das Andere davon nicht auch modern sein.

Modern ist das Unternehmen der Neuzeit, die Welt auszurechnen; ratio, die Rechnung. Modern ist die totale Verfügung über die Dinge, die totale Steuerung aller Verläufe; totale Verfügung über die Vergangenheit, über die Zukunft, und selbstverständlich über den Menschen. Modern ist es, den Vertrag aufzukündigen, der zwischen uns und den Dingen bestand und der ein Vertrag von gleich zu gleich war; wir ersetzten ihn durch eine Diktatur ohnegleichen. Modern ist, das alles für selbstverständlich zu halten, wie eben von jeher den Herrschenden ihre Herrschaft, den Berechtigten ihre Vorrechte, den Besitzern ihr Besitz, den Glücklichen ihr Glück, den Gesunden ihre Gesundheit und den Unterdrückern ihre Unterdrückung selbstverständlich erschien.

Der Kunst, die man modern nennt, scheint das nicht selbstverständlich zu sein. Die Kunst, die sich denn also mißverständlich modern nennt, scheint nichts Dringenderes zu kennen als die Not, in welche die Dinge gerieten. Sie meint das Natur-Recht der Dinge, das zu erklären außer ihr niemandem einfiel und, wie es scheinen will, ihr selber zuweilen auch nur ungenau vorschwebt. Aber ein Natur-Recht der Dinge, das sollte modern sein? Das sollte auf dem Weg liegen, den wir Alle gehen? Es muß selbst dem Fröhlichen einleuchten, daß die Künstler da nicht mehr ändern können als das bekannte Singen der Amseln ändert, im Bombensturm und Geschützlärm.
Ich denke mir ein Fantasie-Kabinett mit Bildern, die man modern nennt. Viele dieser Bilder sind zwar schon klassisch und man nennt sie mit Recht so; dennoch, Jeder fühlt es, sind sie insgesamt gründlich anders als früher. Ich bewege mich von Bild zu Bild gehend, schweige, höre zu, was sie meinen. Das Kabinett zieht sich als langer Gang hin, eine Galerie eben. Sie verliert sich im Dämmer, ich begnüge mich mit den Anfängen. Gedichte hängen zwischen den Bildern, und Texte, das gehört dazu, das gehört zusammen. Gesagt und gemalt wird seit Langem dasselbe, bloß gehört und gesehen nicht.
Wäre mein Vater da, und dessen Vater, sie würden ihren Augen nicht trauen. Wie sie es wissen, waren es von jeher Geschichten, Geschichte, was man gemalt hat. Heils-Geschichte, die es viele, viele Jahrhunderte ganz allein war, was fesselte; Ikonen, die Fenster waren, durch welche der Heilige vom Him-

mel her eintrat und also leibhaft zugegen war: welche Hilfe, welcher Wohlstand. Götter- und Helden-Geschichten, schon auf Tempel-Giebeln und dann immer wieder, Giorgione, Cranach, Poussin. Der unendliche Geschichten-Vorrat des Alten Testamentes, Rembrandt, Tintoretto. Welt-Geschichte, Zeit-Geschichte, Delacroix, Géricault, Manet. Bildnisse von Männern und Frauen, die Geschichte machten oder Geschichten, Liebes-Geschichten, Familien-Geschichten. Bilder, die verhaltene Romane sind, wie das Frühstück von Manet. Spuk-Geschichten, James Ensor, Kubin, Füßli. Und selbst Landschaften lassen sich als erzählte Szene verstehen, Welt, in der man zu Haus ist oder nach der man sich sehnt. Also Reise-Geschichten, und das heißt: Sehnsucht- und Heimweh-Geschichten, wie die Bilder der italienfahrenden Deutschen.

In meinem Fantasie-Kabinett: Keine Geschichten mehr. Keine. Etwas Anderes ist dringlicher geworden als alles: Das Ding, die Dinge. Und keinswegs, wie es früher war, herzerfreuend sicherer Besitz, Hausrat, Chardin. Anders. Dinge im Notstand. Dinge um Existenz ringend, zuckend, beschwörend, beschworen; auch freche Worte rufend wie die Kinder vor dem Hexenhaus, bevor sie wegrennen. Dinge, die fragen: Was bin ich? und: Bin ich? Man müßte ja taub sein, wenn man den Notschrei nicht hörte.

So sehr hat sich die Szene verändert, daß eine größte Künstler-Gestalt, welche späte Lebens-Jahrzehnte mit Konfessionen alter Art zubringt, wie man es früher getan hat, nämlich, in diesem Fall: Lebens-Neid zu gestehen, Faune, Begattungen, Begattungen, Faune und Stiere, Picasso also, antiquiert wirkt.

Am Beginn meines Kabinetts hätten Bilder von Chirico zu hängen, kein Zweifel. Bilder des säkularen Künstlers, der noch, und gut, in Rom lebt, am Fuß der Spanischen Treppe, wennschon er vor fünfzig Jahren, ohne es zu bemerken, verstarb: der Lebens-Gang schon, wenn man nicht dem Laster des Psychologischen huldigt, vielmehr die Existenz sieht, so entsetzlich wie Hölderlins Nachleben. Denn es ist ein halbes Jahrhundert und mehr her, daß er die verstorbenen Plätze und die kopflosen Musen gemalt hat, und Züge, die nicht fahren, und Uhren, die nicht gehen. Zeit, die nicht mehr fließt, ein gemaltes Pompeji der Neuzeit. Ein halbes Jahrhundert her, daß Tanguy, als er ein Bild des ihm Unbekannten vom Autobus aus, in Paris, im Schaufenster einer Galerie sah, absprang, eine Lebenswende, und daß der junge Magritte, als er sein erstes Bild von Chirico sah, in Tränen ausbrach: eine Lebenswende. Ich sage Bekanntes; nur der gewendete Blick rechtfertigt, daß ich es sage.

Jetzt käme ein leerer Platz in meinem Fantasie-Kabinett. Hier müßten, wenn er nicht eben leer wäre, Dinge von Marcel Duchamp sein, Ahnen einer Un-

zahl von Kindern und Enkeln, nicht alle wohlgeraten. Im selben Jahr wie Chirico, 1913, unternahm Duchamp, Dingen ihre bedrohte oder verlorene, gehöhlte Existenz durch Choc wiederzugeben, indem er sie, wie bekannt, in eine Umgebung, in die sie durchaus nicht gehörten, in eine Kunstausstellung nämlich, versetzte: ein igelartiges Gestell, auf welches man Flaschen zum Trocknen steckt, das umgekehrt aufgebockte Rad eines Fahrrads, ein Pißbekken. Eine verzweifelte Geste. Sie zu wiederholen, müßte sie läppisch machen; deswegen muß der Platz leer bleiben. Denn das Ende einer beendeten Beendigung mitzuteilen, kann wenig Sinn haben.
Es war eine Austritt-Erklärung. Aber auch da ist man in den Irrtum gefallen, sie psychologisch, also verkehrt zu verstehen, als Erklärung des Künstlers. Aber nicht er trat aus, nicht er streikte; es handelt sich überhaupt nicht so sehr um die Künstler, wie sie selber, in Renaissance-Begriffen befangen, oft meinen. Es handelt sich um die Dinge. Sie waren es, die austraten. Sie waren es, die genug hatten, in Streik traten, ihr Nicht-Einverstanden erklärten. Ihren Mitwillen, ihren Abscheu, ihren Ekel. Ihre Empörung, ihre Wut, ihre Drohung; zuweilen auch etwas von den Humoren, von denen gesagt wird, daß sie auf dem Weg zum Galgen vorkommen.

Am Eingang zur Neuzeit steht der Glaube ans Messen. Die weichen Uhren Salvador Dalis sind ein Widerruf an den Hochmut der Rechnung, eine Kündigung, eine Zurücknahme. Die Uhr ist das Meßgerät aller Meßgeräte, da sie den einzigen unersetzlichen Stoff, den wir kennen, unsere Zeit mißt. Dalis Uhren, die als Fladen über abgestorbene Baum-Äste hängen, verspotten die Überschätzung des Messens. Solche Uhren können freilich nicht gehen. Sie sind vorweggenommene Fossilien, aus dem Berg der Zukunft gegraben. Wenn man sie ansieht, meint man, daß schon alles vorbei sei. Daß sie beendet sei, diese Neuzeit und Meßzeit, katastrophal zu Ende gegangen. In der Wüste, die sie in den Seelen zurückließ, hängen diese vergammelten Zähler, überzählig geworden.

In der Gefangenschaft, bekanntlich, kommen sich alle Geschöpfe abhanden: die Tiere im Zoo, die Menschen im Lager, sie verunstalten. Das wissen wir, das erfuhren Viele, aber wir zogen den Schluß nicht, daß es auch für die Dinge gilt. Es haben halt jetzt auch die Dinge ihr Selbstvertrauen verloren. Sie sind irr an sich selber geworden. Ihre Eigenschaften sind nicht mehr ihr Eigen, lösen sich wie die Rinde vom toten Baum ab.

Das ist Magritte. Die Eigenschaften der Dinge verrutschen. Das Pferd heißt: »Die Tür« und die Uhr heißt: »Der Wind« und wiederum, der Koffer heißt dennoch der Koffer, man kann sich auf nichts mehr verlassen, nicht einmal mehr auf den Irrtum. Ein

Fenster öffnet sich, aber die Eigenschaft eines Fensters, nämlich: etwas von Draußen herein zu lassen, gilt nicht mehr. Auch das Fenster hat offensichtlich gekündigt. Denn im halboffenen Flügel zeigt sich vom Draußen Nichts, Null, schwarze Schwärze, an der Scheibe aber, die schräg ins Zimmer hereinsteht, kleben Land, Himmel, Wolken. Als wenn alles ein Abziehbild wäre. Abgezogen, abstrakt.

Es ist wie im Orbis pictus. Aber Namen und Dinge sind sich abhanden gekommen. Magritte, der ein Ontolog und kein Moralist und erst recht kein Schön-Maler ist, denn zu so etwas ist jetzt nicht Zeit mehr, buchstabiert so. Da er nicht die Oberflächlichkeit hat, den Leuten weiszumachen, daß alles wieder gut würde, wenn bloß so oder so ökonomisiert und soziiert werde, so muß er es aussprechen: Daß alles viel schlimmer ist. Daß die Dinge nicht mehr tun mögen, was sie immer taten, und daß dies nicht mehr zu ändern geht. Es ist eben zum Generalstreik der Dinge gekommen. Aber welche Instanz soll ihn schlichten?

Magritte malt Abstrusus. Abstrusus heißt weggerissen, abstrudere wegschleppen. Welt weggerissen. Mundus abstrusus.

Es ist oft und oft gesagt worden: Neuzeit muß davon überzeugt sein, daß der Mensch in seinem Grund gut sei; wenn er nicht in seinem Grund gut wäre, so könnte man ihm so ungeheuerliche Vollmacht, wie er sie auf sich gehäuft hat, doch gar nicht wünschen. Es ist allbekannt: Die Gut-Erklärung des Menschen, und er sei bloß durch die Gesellschaft verbogen, ist das Leuchtschrift-Credo der Neuzeit. Und was sagen dazu die Bilder, die man modern nennt? Was sagen die Künstler?

Sie haben sich festgelegt. Man braucht bloß hinzuhören, wozu sie sich bekannt haben. Man höre:

»Meine Dichtung ist eine Kriegs-Erklärung, und ich schleudere sie gegen den Menschen, die Bestie. Ich schleudere sie gegen den Schöpfer, der ein solches Scheusal nicht hätte in seine Welt setzen dürfen. Bände auf Bände, bis ans Ende meines Lebens, werde ich schreiben, und man wird immer bloß den einen Gedanken darinnen finden, weil kein anderer in meinem Kopf ist: Mensch, gibs auf. Es ist zu spät geworden, um noch den Hochgemuten zu spielen. Sieh es ein, gib es zu, ich bitte dich. Ich liege vor dir auf den Knien, ich schleudere gegen dich meine Bitte.«

Und: »Nach meiner Dichtung wird der Mensch sein Kröten-Gesicht selbst nicht mehr wiedererkennen. Dann weiß er, daß er, von einer Zeit auf die andere, man kann darauf warten, in einen Blut-Rausch verfällt. Da hatte man ihm immer gesagt, und er hörte es gern, seine Augenlider unter Reseden frommer Bescheidenheit senkend, daß er aus lauter Güte bestehe, mit einem gewissen Zusatz von Bosheit. Ich aber, seine Herz-Fasern ans grelle Licht haltend, lehre ihn, daß er nur aus Bosheit besteht, mit einem winzigen Zusatz von Güte, und daß es bloß die Furcht vor Strafe ist, welche diese winzige Dosis

Güte vor dem Verdunsten bewahrt. Ich reiße ihm die Maske von seinem beschissenen Gangster-Gesicht und lasse die hochgestochenen Lügen, mit denen er sich über sich belügt und betrügt und besoffen macht, fallen wie Elfenbein-Kugeln, eine nach der anderen, auf silberne Becken.«
Wessen Stimme das? Die eines zornigen Kirchen-Vaters doch nicht? So weit ging doch Keiner? So schwarz dachte Augustinus ja nicht, zu so einer Fratze des erschaffenen Menschen mochte sich Keiner entschließen.
Wessen Stimme also? Es ist die Stimme des jungen Profeten der Kunst, die unser Jahrhundert durchwächst und die man, sie mißverstehend, modern nennt. Des Lautréamont heisere Stimme. Des jungen Lautréamont Sätze, auf welche die Künstler, die sich, an Stelle eines besseren Wortes, Sürrealisten nannten, schworen wie auf die eines Sehers. Für sie war er der Vorläufer, der Blutzeuge. Sie entdeckten den Vergessenen in den zwanziger Jahren; der junge Salvador Dali pries seine Gesänge in zwei und vierzig radierten Blättern. Es war ein Bekenntnis.
Mit dem Lautréamont dachten und denken diese Künstler also nicht gut über die Güte des Menschen. Da verstießen sie gegen das Credo. Da traten sie also, ob sie es selber so genau wußten oder nicht wußten, aus aus der Neuzeit.

AUTOMATEN

Automat, automatisch. Man kann von der alten Geschichte vom Hephaistos, dem Gott der Ingenieure, ausgehen. Er belieferte die olympischen Götter durch eine Art Seilbahn, die zwischen dem Palast des Hephaistos und dem Olympos verkehrte. Die göttliche Fabrik lag bekanntlich in Meertiefe, vor Sizilien; der Ätna war ihre Esse. Die Unterwasser-Station war elektrisch beleuchtet; von dort schwebten die Lifte, Flug-Körper, zum Göttersaale hinauf, durch die Luft, ferngesteuert. Unter den Wunder-Werken, die bei Hephaistos industriell hergestellt wurden, waren auch künstliche Menschen, die denken und sprechen konnten, man kann das alles genau in der Ilias lesen. So stellten die Hephaistos-Werke auch automatische Mädchen her, aus Gold-Draht und Gold-Blech, goldige Mädchen, alles eingebaut, perfekte Wunschmädchen.

Der Spaß war eins von den Märchen, die sich die Griechen von ihren Göttern erzählten. Indessen, wie man des öfteren bemerkt hat: Was sie selber anging, so ließen sie von solchen Sachen die Finger. Die Neuzeit legt es ihnen als Mangel an Intelligenz aus. Aber so kann es nicht sein; vielmehr, sie wußten um Grenzen. Heut zu Tag, wo man den Apparaturen griechische Namen anhängt, rühmt man zwar den Griechen das Maß nach, aber merkt nicht, wie sehr man sich selber damit verurteilt. Wir, maßlos und grenzenlos, müssen nunmehr erfahren, daß der Automat immer das ist, was dem Hersteller über den Kopf wächst. So galt auch Hephaistos, der Gott der Herstellung, den Griechen als der klassische Betrogene. Er war der betrogene Gatte der Liebesgöttin. Aber wer kann Betrogener sein als der um Liebe Betrogene? Hephaistos wird nicht geliebt.

In dem richtigen, wenngleich ungenauen Gefühl, daß im Begriff des Automaten der Schlüssel zu dem ruhe, was die Neuzeit aufschließt, zeigten sich die Künstler unseres Jahrhunderts fasziniert von dem Thema. Die zwei großen Erlebnisse der Kunst in unserem Jahrhundert, Dada und Sürrealismus, haben den Automaten als Lieblings-Thema und Antrieb, sehen ihn als Hauptsache, wünschen ihn als Methode. Das automate Schreiben. Das Traum-Denken. Das Halbschlaf-Denken. Das Malen von Geträumtem, sodaß dem Traum Rang und Rechte eingeräumt werden wie seit Orakel-Zeiten nicht mehr. Das Hervorbringen im Rausch, unter Drogen; Pforten der Wahrnehmung. Die Aufmerksamkeit, die man den Malereien der Kinder, also der Unbewußten, zuwandte, und den Malereien der Wahnsinnigen, deren Ratio sich davon gemacht hatte. Das automate Treiben von Fundstücken, die man auflas, zu einander brachte, mit einander treiben ließ, was sie wollten: also nicht, was man selbst wollte, eben nicht, vielmehr was die wollten, wobei man fast bloß zuschaute.

Aber nun sehe man nur, wie mißverständlich und denkschwach, wie verwischend solche Begriffe angesetzt werden. Wie wurde zugeschmiert, was der Klar-

heit bedarf; wie verstieß man gegen des Kung fu tse Forderung von Gerechtigkeit für die Worte.
Denn: hat das Automate, worauf es den Künstlern doch offenbar ankam, etwas mit dem Automaten zu tun, dem Glück-Traum und Kern-Stück der Neuzeit? mit dem Roboter, dem Eidolon der Zukunft? Robot heißt Zwangsarbeit, Frondienst. Also wessen? der Dinge, wessen sonst denn. Der zwangsverpflichteten Dinge.
Wenn es jemand darauf angelegt hätte, Verwirrung zu stiften, er konnte es sich besser nicht ausdenken. Denn im einen Fall, bei den Künstlern, ist es so, daß die Dinge frei haben. So frei hatten sie schon seit langem nicht oder niemals; nun ließ Jemand sie machen. Im Automaten der Neuzeit aber sind sie ausgespäht, überlistet, ausgenutzt, überanstrengt. Entstellt. Eben Sklaven.
Descartes hat die Tiere Automaten genannt. Leibniz nannte die Seele den Automaten des Geistes. Die Seele den Automaten des Geistes. Man muß die Augen schließen und es in sich aufnehmen. Es ist wohl auch so, daß Descartes und Leibniz die besseren Griechen waren und wußten, daß beim Wort *automat* die zweite Worthälfte *sich regen* bedeutet, *drängen, aus sich treiben.* Ein Wort also, das es mit dem Wachsenden hält, und mit dem Gewachsenen. Nicht mit der Herstellung. Was aber hätte dieses Aus sich Treiben, Aus sich Drängen mit den Automaten zu tun, mit den zwangsverpflichteten Dingen? die machen müssen, wozu ihre Herren zu hochmütig sind und nicht einmal fähig?

es der Vers und der Satz, der den Gedanken auf Schultern hereinträgt? Ist es das Liebes-Spiel unter Worten, und es zeugt den Gedanken?
Hier gilt nicht das Entweder Oder, das Laster. Der Gedanke, er steht im Torweg der Worte, im gewölbten Bogen der Sprache, seinem Halbdunkel; schon ruft man nach ihm, gleich wird sein Auftritt beginnen.

TOBEY

Es sollte, in meinem Fantasie-Kabinett, auch Licht auf ein abstraktes Bild fallen, schon damit das Genie belegt sei, mit welchem auf irreführende Namen die Wahl fällt, denn wie könnte ein Bild, das selber ein Ding, dinglichstes Ding ist, abstrakt sein? Ich würde einen Tobey wählen, der ein Weiser ist, und das Bild vorschlagen, das vor dreißig Jahren mit Brudergriff von der Staffelei weg Lyonel Feininger an sich nahm. Auf nachtblauem Grund Stern-Funken, Stern-Bahnen, wie man sie in August-Nächten auf kretischen Berg-Gipfeln über den Himmel fahren sehen kann. Aber das Gegenständliche, das Meßbare, Erforschliche zurückgenommen, verheimlicht, kaum verraten, eher zugeflüstert, beinah verschwiegen. Dinge nur zögernd gerufen.

Wie könnte man über so Gründliches und nicht über Max Ernst sprechen. Er ist ja der Intelligenteste und Erfindungsreichste; mit ihm beantworten sich Fragen, wie sie hier beunruhigen. Aus dem Riesengebirg seines Werkes ließen sich einige seiner Frottagen wählen, einige der Reibebilder aus dem Jahr fünfundzwanzig, die er unter dem Namen Naturgeschichte zusammengefaßt hat und die dreißig Jahre lang brauchten, bis man sie lesen konnte. Bis man das Purste an Zeichenkunst in ihnen sah, was diese Jahrzehnte hervorbrachten. Zusammen mit den berühmten Collagen der folgenden Jahre, mit den geklebten Romanen, kann man sie das doppelte Ei-Dotter des Sürrealismus nennen und, da es dabei bleiben muß, daß Dada und der sogenannte Sürrealismus die zwei folgenreichsten Abenteuer der Kunst in unserem Jahrhundert sind, das doppelte Ei-Dotter der modernen Kunst überhaupt nennen.

Es war fünf Jahre nach dem Krawall von Dada, als die Frottagen der Histoire naturelle entstanden. Und da: welche Stille. Tiefe Horizonte. Wüsten-Weite, Welt-Leere. Unendliche Fernen, an deren Rand ein Weltenbaum wächst, der versteint ist. Es ist eine kleine durchgeriebene Muschel. Welt-Rand. Un autre monde, heißt eine Frottage. Eben. Ein Weltraum-Auge schwebt unheimlich heran, Œil de silence ist der Titel, eine Wendung von so poetischer Kraft, daß eine wörtliche Übersetzung verdürbe, was

darin an Musik liegt; sie müßte, wie jede andere Übersetzung, frei sein.
Es ist End-Zeit, nach rückwärts gesehen. Nach dem Regen. Was frühere Zeiten mit apokalyptischen Reitern, siebenköpfigen Drachen und Feuer-Engeln in Holz schnitten, das wird hier anders gesagt. Aber End-Zeit sagt es. Eine Welt ohne Menschen. Eine Welt, die ohne uns auskommt.
Und das alles wird von den Dingen selber gesagt, nicht von Menschen über die Dinge. Die Dinge sagen es selber, Dinge, die uns bekannt waren, aber wir wußten nicht, daß sie das alles wüßten. Holz-Maser, Kokos-Faser, Leder, Baumblätter, geriffeltes Papier, Tuchfetzen: alles durchgerieben, wie Kinder Pfennige durchreiben, stückweis gegeneinandergesetzt, und Jeder kann es jederzeit nachmachen, erproben, was sich da für geheimnisvolle Flüstereien begeben. Wir hatten bloß keine Ahnung, daß die Dinge das alles wüßten.
Also das ist aus dem Klamauk von Dada geworden. Da niemand so unvernünftig sein kann, anzunehmen, es könne in einem so unbeirrbaren Leben wie es das von Max Ernst ist, etwas Zusammenhangloses gegeben haben, muß der gemeinsame Nenner zu finden sein. Ich habe den Eindruck, als sei das entscheidende Wort noch nicht gefunden, welches den Dadamax und den Max Ernst der Frottagen und der Collagen, und darüber hinaus das Meiste der Kunst trifft, die man modern nennt.
Ich meine, das Wort sei: Aufstand der Dinge. Dada, das war der Versuch, die Dinge Aufstand machen zu

lassen. Soviel Urlaub hatten sie, die Ausgespähten, Erpreßten schon lange nicht mehr gehabt, sogar überzogenen Urlaub. In den Gedichten Hans Arps tollen die Worte wie die Kinder auf dem Schulhof in der Schulpause, nach den Zwängen der Schulstunde, und auf einmal haben die Blassen Wangenröte und Frische.

Mehr konnte man den Dingen ihren Willen nicht lassen. Eindringlicher konnte die Bekundung eigentlich nicht sein.

Max Ernst hat denn auch als seine Überzeugung bekannt, daß die Rolle des Künstlers als eines Schöpfers ausgespielt sei. Der letzte Glaube, der dem ungläubig gewordenen Europa geblieben sei, so sagte er bekanntlich, sei das Märchen vom Schöpfertume des Künstlers. Und er sagt, daß damit jetzt Schluß sei.

Dergleichen gehört zu den Sätzen, die gesprochen werden, auch gehört und gelesen, auch wiederholt und immer wiederholt werden, und dann fährt man doch weiter in den alten ausgefahrenen Bahnen.

Max Ernst hat ja auch, worauf ein Dichter stolz sein könnte, eine Metafer für die neue Rolle des Künstlers gefunden: Der blinde Schwimmer. Vom zufälligen Anblick eines schwimmenden Blinden, irgendwann, irgendwo, betroffen, kam ihm diese Formel. Was für ein Fundstück. Man muß sich in die Lage eines blinden Schwimmers versetzen, eines Mannes also, der sich im anderen Elemente bewegt, nicht auf festem Boden, nicht zwischen Häusern und Möbeln, die Echo geben. Wo wird er ankommen?

NUR NOCH DAS RÄTSEL

Die Welt-Ausrechnung, Allmacht der Neuzeit, vor der auch Diktatoren sich beugen und Alle, die sich sonst hassen, verbrüdern, will alle Dinge entsiegeln. Im Freiraum der Kunst, wenngleich er folgenlos wurde: sie versiegeln sich wieder. Je mehr wissenschaftlicher Aufschluß, desto verschlossener erweisen die Dinge sich. Sie trotzen. Sie sehen den einzigen Fluchtweg, wenn sie überhaupt einen sehen: Umziehen ins Rätsel. Das Labyrinth, ihre Wohnung.

So geht durch die Künste unserer Tage ein Zug, wir kennen ihn Alle. Jeder Vers sagt es, jedes Bild spricht davon: Die Dinge verrätseln sich. Das Unaufgeklärte, das Schwerverständliche ist ihre Zuflucht.

In der Neuzeit, in der totalen Welt-Ausrechnung, so will ihnen vorkommen: Es ist nur noch das Rätsel, das Rat gibt.

XVIII

Vergeblich würde auf Dank warten, wer einem der zahllosen Bettler, die am Straßenrand hocken, man ist den Anblick nicht mehr gewohnt, ein Türken-Pfund, fünfunddreißig Pfennige, in die Mütze wirft. So erbärmlich er vorher zu flehen verstand und so sehr er bei Allach beschwor nicht vorbeizugehen ohne Gabe –: ist die Gabe gegeben, so erfolgt nichts, der Blick geht seitwärts, danklos. Dennoch ist dies kein Fehler. Es ist nur anders gedacht, richtiger: Der Geber muß danken. Der Bettler hat ihm die Chance des Wohltuns gegeben, Allach wird es verrechnen. Dereinst, im Buch seiner guten und unguten Werke, wird es der Geber vermerkt finden.
Viel kommt beim Betteln auf den Standort und auf die Stunde an, und da gibt es, wie sonst auch, Begabte und weniger Begabte. Zu den Hochbegabten gehörte, der sich den Sonntag Abend auf der asiatischen Seite in Üsküdar als Stand- und Weide-Platz ausgesucht hatte, beim Auto-Stau vor der Fähre. Die Verlade-Fähre bringt Autos samt Insassen nach Arupa hinüber, nach Europa. Der Sonntag war heiter. Frühling; die Türken lieben es, mit ihren ganzen Familien auszuschwärmen, irgendwo im Gras eine Decke, Picknick, den Sonntag vertrödeln. Am Abend, das Gemüt ist gesättigt, die Seele stanniolglatt; ohne Zorn nimmt Jeder die Wartezeit hin. Es kann eine Stunde dauern. Auto an Auto, zehn Zeilen neben einander. Der Mann mit dem Tee kommt, er wird auch Sendewiz haben, Sandwichs; die Türken kön-

nen nicht so viele Konsonanten hinter einander ohne den Zwischenfall eines Vokals sprechen.

Dies ist die große Stunde des Alten. Ernst gekleidet, man könnte es einen Gehrock nennen, Schwarz-Samt-Käppchen, Schwarz-Bart, tritt er ans Auto-Fenster. Man hat es herabgelassen, der Meerluft und Abendluft wegen. Seine Ansprache beginnt nicht, denn er spricht ununterbrochen. Monolog, großer Schauspieler, Meininger-Schule, Possart, München; großer Ton, Crescendi und Decrescendi, auch Pausen. Dann Blicke zum Himmel. Grillparzer, Jüdin von Toledo, Ich sage dir, wir sind nur Schatten, ich, du und die Andern. Oder besser: Des Meeres und der Liebe Wellen, das gehört ja hierher, der Ort der Hero und Leander-Geschichte, wie sie Ovidius erzählt, ist zwar nicht hier, wo man den Turm des Leander vor Üsküdar im Meer zeigt, vielmehr in den Dardanellen, aber was macht das. Wo schwimmt auch ein junger Mann noch jede Nacht übers Meer zur Liebsten; so ein Umstand.

Er ist kein Bettler, er ist ein Herr, der es übernommen hat, die Rolle eines Bettlers in einem Stück zu spielen, und so, daß am nächsten Tag die Kritik schreibt: übernahm eine Charge und hob sie so an, daß man gezwungen war, die Rolle, so lange sie währte, für eine Hauptrolle zu halten, bei welcher der Schlüssel zum Stück liegt. Häufig faßte er mit der Hand an sein Kinn, eine Geste die er erfunden hatte oder die eine Beteuerung ausdrückt, ich weiß nicht; mich überzeugte sie. Der Moment des Überganges der Münze vom vorigen Besitz in den seinen blieb unskandiert, als wenn nichts erfolgt wäre; jedoch ging der Monolog unmerklich in Rauschen von Segnungen über. Aufs Haupt eines jeden Wagen-Insassen troff Segen, aber auch aufs Haupt von jedes einzelnen Vater, das Allach segnen werde, und auf die Häupter von jedes einzelnen Vater des Vaters und der Väter von deren Väter, allmählich verebbend, nicht endend, da ja noch viele Autos da waren.

Wenn die große Hänge-Brücke über den Bosporos, die schon im Voraus berühmt ist, die Europa-Brücke fertig sein wird, die Gründungen hüben und drüben, auf beiden Ufern, wurden soeben von Polieren von Philipp Holtzmann in Felsen-Tiefe gegossen, immense Kuben, Maßstab von Brobdingnag –: wenn sie fertig sein, der Verkehr fließen wird, kein Auto-Stau mehr, kein Sonntag-Abend-Warten, wird sich der Alte, wenn er es erleben wird, etwas Neues ausdenken müssen. Meine Wünsche hat er.

Am Eingang zum Basar, den nur die Fremden so nennen, denn das türkische Wort heißt Tscharsi, Ton auf der letzten Silbe, war ein kleiner Junge, dem das Unglück beide Hände geraubt hatte. Er war aber quicklebendig, fuchtelte den Leuten mit seinen Armstümpfen vor den Gesichtern herum, fädelte sich durch die Menge. Denn die Basar-Besucher, Einheimische und Fremde, strömten über den kleinen umbauten, baumbestandenen Platz vor der Nuru

Osmanje Moschee zum Basar-Eingang hin; die Münzen flogen nur so. Die Brüder des Knaben, denn ich hatte den Eindruck, daß die gesamte Familie ihn vorschickte, hatten zu tun, um die Ernte an Land zu ziehen, auch zu passen, wann die Polizei kam; vielleicht ist Kinder-Bettel verboten. Ein übers andere Mal war die ganze Gesellschaft verschwunden, weg wie die Mäuse. Dann, nach einer Weile, sah man den Doppelposten. Wenn er fort war, ging alles wie vorher.

PANTOKRATOR

Von der Ata Türk-Brücke, also der zweiten Goldenen Horn-Brücke, zieht sich ein neuer Straßendurchbruch quer durch das alte Stambul hinüber zum Marmara-Meer. Er lebt noch nicht recht, nur als Auto-Rennbahn; die Beton-Elefanten, die man schnellfertig an seine Ränder gesetzt hat, haben Galerien und Höfe und Treppen, sind als Bazare gedacht, aber die geheime Anziehung eines Bazars, wie ihn der alte von Istanbul als Weltmodell, aber auch der berühmte marché aux puces an der Porte de Clignancourt hat, läßt sich nicht kommandieren.

Hoch über der Auto-Straße hängt die Pantokrator-Kirche, umgeben von alten Holzhäusern, eine schöne Bau-Gruppe.

Die Dreifach-Kirche des Klosters, das dem Christos Pantokrator geweiht war, hat das Grottenhafte und

Apsiden-Gebeulte, das blasig Aufgeworfene der Kuppeln und das kuschelig Erdhafte, das alle alten griechischen Kirchen auszeichnet, die über das ganze alte Kaiserreich und so übers alte Stambul verstreut sind; sie im Häuser- und Gassen-Gewirr von Stambul einzeln aufzusuchen, ist ein Trauergang um Verlorenes. Sie sind gebaut aus sehr flachen Ziegeln, mit Sicht-Mörtel-Schichten dazwischen, und querlaufenden Hau-Stein-Bändern. Sie sind überein gekommen, sich klein zu halten, im Vergleich zur großen Hagia Sophia. Die ersten ihrer Art lernte ich in Athen kennen und liebte sie alsbald. Dort haben sie ihren Dienst nicht, wie hier, ändern müssen, sind tausend Jahre lang immer Kirchen geblieben, mit Mosaiken, Fresken und Ikonen gefüllt; immer Weihrauch und Hymnen.

Pantokrator ist, wie alle anderen Kirchen und Klöster in Konstantinopel, Moschee geworden; es ist eine wenig oder gar nicht besuchte. Ich sah sie vergammelt, voller Schutt und Unordnung. Der Platz um die Kirche verwahrlost, ungepflastert, Staub, Steine, Stroh, Müll, Kanister und Fetzen des schauderhaften Vinyls, das man verrückterweise auch Plastik nennt oder Plaste, und das nicht mit der wohltätigen Gabe beschenkt ist, verwesen zu können. Der Wind treibt es im Staub hin und her und im Kreis; niemand räumt.

Ich wollte in die Kirche hineingehen, meine Verehrung erweisen, es war aber alles verschlossen, auch kein Schild da; nur durch die kaputen Fenster konnte ich einsehen. Der Junge, der den Küster holen wollte, ließ sich nicht wieder blicken. So saß ich am Kirchenportal auf einer Konsole. Müdigkeit lief an den Kirchen-Mauern und an den trostlosen Häuser-Fassaden herab. Das war nun Pantokrator, eine Kirche mit Kaiser-Gräbern, ehemals eines der vornehmsten Klöster und das Kloster des Mönches Gennadios, der für einmal die Welt-Uhr gestellt hat. Denn in einem Moment, in welchem noch manches zu retten sein konnte, wenig vor der türkischen Eroberung, war der gelehrte und bedeutende Giorgios Scholaris, mit dem Mönchsnamen Gennadios, das Haupt jener Griechen, die sich dem Papst, Rom also, nicht unterwerfen wollten. Auf Unterwerfung in Glaubenssachen lief freilich hinaus, was unter dem Namen einer Union der römischen und griechischen Kirche, auf einem brüchigen Konzil in Florenz, mit Mühe zu Stande gebracht worden war. Es war kaum anders als eine Erpressung zu nennen, da der Türke schon vor der Tür stand. Unduldsamkeit war Roms Stärke von jeher. Das griechische Volk aber, das Volk, das im byzantinischen Reich von jeher viel Stimme hatte, wollte an seiner Liturgie festhalten, an seinen Hymnen, an seinem Glaubens-Bekenntnis. Die Festung war Pantokrator.

Es war eine Lage, in der die Parole umging: Lieber den Turban in unserer Stadt als die römische Mitra. So stark war der Rom-Haß, so langher erzeugt und begründet. Der Chronist, der das überliefert hat, Dukas, fügt hinzu: Und so ist es denn auch gekommen. Alles mußten die Griechen hergeben, alles, außer ihrem Glauben.

Wenig später war der Türke da. Gennadios, der aufrechte Grieche, war in seiner Mönchs-Zelle, als die türkischen Soldaten in Pantokrator eindrangen. Sie raubten, stahlen, zerschlugen alles, wie sie es überall taten, trieben die Mönche zusammen und fort mit ihnen, als Sklaven. Gennadios, der hochkultivierte, wurde von einem reichen Türken in Adrianopel erworben. Als der merkte, wen er da eingekauft hatte, behandelte er ihn höflich, und als bekannt wurde, daß der berühmte Mann dort war, ließ ihn der Eroberer Mechmed nach Konstantinopel zurück kommen. Da Mechmed auch der Herr der unterworfenen Griechen sein wollte, setzte er den Gennadios als Patriarchen ein. Was halfs, in der Brandung des Unglücks.

Auf dem Platz spielten Kinder im Dreck. In der Nähe der Kirche war eine Wasser-Stelle, ein Brunnen, wie er im Bereich einer jeden Moschee ist. Ein müder Gaul wurde hergezerrt, soff. Er soff, wie Pferde saufen, lautlos einziehend; es ist eher ein Tanken.

Eine schwärzliche Alte kam von links aus dem Holzhaus, das mehrstöckig und irgendwann einmal stattlich gewesen, geschnitzt und bemalt war. Sie trug einen Eimer. Die schwarzen Strümpfe hingen ihr schlampig an den dürren Beinen herab. Sie kam mit dem Eimer voll Wasser wieder zurück, dicht vor meinen Füßen vorbei, aber sah mich nicht oder wollte nicht; kein Interesse mehr am Leben. Wasser schwappte über den Eimer-Rand, kroch zu staubigen Wickeln zusammen.

Auf einmal, in einem Schwung, der dem Platz gar nicht zukam, fuhr ein Dolmusch vor; Dolmusch, das ist ein Mittelding zwischen Bus und Taxi. Ein Brautpaar, eine Hochzeit. Der Junge, wie eben Hochzeiter aussehen, schwarzfunkelnd, seiner Sache sicher, war gut gekleidet; die Braut, eine türkische Braut eben. Man darf nicht an einer Schule vorbeikommen, wenn die Mädchen Turn-Stunde im Hof haben; der Harem ist noch nicht aus den Gliedern gefahren, viel zu dikke Schenkel, zu kurze; Sofa-Frauen. Sonst war das Mädchen ganz rosig. Die Beiden verschwanden in einem Holzhaus, das gegenüber und etwas zurücklag, aber auch nicht besser im Stand war. Verwandtschaft war auch da.

Ob die wasserholende Alte auch einmal so gekommen war? Irgendwann hatte sie sich das alles anders gedacht.

NICHT STEINBUTT

Wenn die Türken ein Nein durch eine Geste ausdrücken wollen, so tun sie das nicht, indem sie, wie wir, den Kopf schütteln, sondern indem sie, wie auch die Griechen tun, den Kopf in den Nacken werfen. Bei großer Hitze kann die Geste verkürzt werden. Dann ziehen sie bloß die Stirnhaut auf, der Haar-Ansatz hebt sich.

Wenn man in der Türkei oder in einem anderen südlichen und östlichen Land reist, empfindet man

stark, wie schlecht dort die einfachen Dienste bezahlt werden. Auch bemerkt man in den türkischen Gasthäusern Klassen, die den Gast aus dem Westen erst spüren lassen, in welchem Maß er ihrer entwöhnt ist. Der Chef, sei er der Besitzer oder der Pächter oder der Oberkellner, rührt keinen Finger; er herrscht nur. Aber auch der Kellner führt nur die Verhandlungen mit dem Gast; der Hand- und Fuß-Dienst liegt bei Achtzehn- oder Zwanzigjährigen, die vom Land kommen. Sie müssen auftragen, abräumen, springen. Der Kellner trägt nichts.
Da zu befürchten ist, daß diese Letzten der Dienstleistung zu schlecht wegkommen, empfiehlt es sich, die Verteilung von Trinkgeldern, ohne die man in solchen Ländern ja nichts werden kann, selbst in die Hand zu nehmen, sich auf irgend einen Verteilung-Schlüssel, den es geben kann oder nicht, lieber nicht zu verlassen. Was man den Dienern zukommen lassen möchte, soll man ihnen direkt geben. Ich merke auch an, daß der kluge Gast Trinkgelder nicht hinterdrein, vielmehr bei Zeiten gibt, damit er noch was merke.
In einem Fisch-Lokal am Marmara-Meerufer, nahe beim kleinen Fischerhafen der Altstadt, verhandelte ich mit dem Kellner, ob der Steinbutt auch wirklich frisch, heutiger Fang sei. Er bejahte es stürmisch. Doch der Junge, der aufwartend hinter ihm stand und den ich bei vorigen Malen belohnt hatte, sah mich scharf an und hob kurz die Stirnhaut. Ich aß nicht Steinbutt.

Ata Türk, der Türken-Vater, der große Öffner seines Landes nach Westen, Tilger des Alten, also einer der großen Aufrüster, Nachholer und Gleichmacher, einer der großen Neuzeit-Motoren, Welt-Entzauberer, wie Max Weber das Unternehmen der Welt-Ausrechnung genannt hat –: Ata Türk also, der einsah, daß er seinem Land noch größeren Schaden zufüge, wenn er Neuzeit aussperre, zwang es, die Uniform anzuziehen, welche der Globus trägt und die grau ist. Also verbot er, bei harten Strafen, das Alte, Fez, Schleier, Mehr-Ehe und arabische Schriftzeichen, und ließ ein, was wir kennen.

Was weniger bekannt ist: er wünschte auch den Altglauben auszurotten, den Islam, die Brunnen-Stube des Vorigen. Er sah richtig, daß es eigentlich der war, der die große Veränderung aufhielt, der Altglaube. Weg damit also. Doch dies ging so schnell nicht; Islam blieb vorerst der Stärkere. So, im Bewußtsein, der Unterlegene zu sein, versank der Diktator in Trunk und in Groß-Sexus, Weiber und junge Kerle, für die eigene Person aufs Althergebrachte zurückgreifend, auf Sultans-Bräuche, wie merkwürdig.

Ich weiß nicht genug über den großen Mann, dessen Groß- und Profeten-Bild von der Wand eines jeden Postamts, jeder Gast-Stube, jeder Schiffs-Kajüte mahnt, stärkt und aufruft, rechne es ihm aber zum Guten an, daß er die Erfahrung, er sei gegen den Islam der Schwächere, so schwer nahm. Es könnte immerhin sein, daß ihm schwante, was jetzt fast Jedermann einsieht: daß er, als er seinem Lande die Neuzeit aufzwang, zwar tat, was er tun mußte, daß er aber auch sah, wieviel er ihm wegnahm.

Denn daß es nicht so leicht und so schnell ging, den Islam aus den Herzen zu kratzen, kann ihn nicht so verstört haben. Was nicht schnell ging, ging langsam. Aufs Lange gesehen, Neuzeit würde schon fertig werden mit ihm; Welt-Ausrechnung war stärker. Es ging dann auch ohne Verbote. So wie der Gebet-Ruf des Muezzin erstickt wird vom Lärm der Motoren, vom Getöse der Straßen, vom Gedräng der aufgestandenen Massen; nur Ton-Fetzen aus dem Lautsprecher treibt es von den Minarehs herab über die Großstadt.

Man muß einmal schlaflos sein, so gegen vier Uhr am Morgen, eine Stunde vor Hellwerden. Die Straße drunten ist endlich zur Ruhe gekommen, die letzten Auto-Türen geschlagen, die letzten Heimkehren aufgebrandet, das letzte Korridor-Gewisper zum guten Abschluß gekommen. Die Straße muß Kräfte sammeln, bald muß sie in neues Lärmen ausbrechen. Das Minareh, Ton auf der letzten Silbe, steht zwischen Hochhäusern im Winkel wie ein gestrafter Schuljunge. Es ist nicht einmal so hoch wie mein Hotel-Zimmer. Es gehört zu keiner Dschami, keiner Moschee also; es ist nur eine Mesdschide, so wie man bei uns einen Unterschied macht zwischen Kapelle und Kirche.

Und so, die uralten fünf Male am Tag, windet der Muezzin sich die enge Wendel-Treppe hinauf, der

Bohrwurm. Rechts streift er die Außenmauer der Nadel, seine linke Schulter die Spindel, so eng ist der Wurmgang. Wenn er auf den Rundbalkon tritt und singt, tagsüber kann man nichts davon hören, denn er kommt nicht gegen den Lärm an. Er steht aufrecht, überstrack, fast zurückgebogen. Aus Eigensinn will er ohne Mikrofon und Lautsprecher auskommen; er hat die Trichterhände vorm Munde. Sein Dienst ist sinnlos geworden. Oder ist es nicht sinnlos, in die vier Winde zu singen, wenn drei davon Hauswände sind, fensterlos, Brandmauern? und die vierte Richtung bloß eine Lärmschlucht? Er ist eigentlich bloß noch der Pegel, an dem man den Hochstand des Lärms mißt.

Sicher, er weiß das. Aber will er es wissen? Er wird seinen Eigensinn haben, und der Eigensinn, er ist sein Bestes. Soll er nicht aussingen, viermal fünf Male am Tag, daß Gott groß ist? Soll er es einstellen, bloß weil ein Laster seinen Diesel eine Stunde lang laufen läßt, im Stand, auf der Straße, gerade vor seiner Mesdschide, weil der Chef nicht da ist und weil dem Fahrer das wurst ist?

Soll er sich darum kümmern, was die Anderen machen? Soll er mitmachen? Soll er sich derenwegen verändern? Soll er das Einzige, das er gewiß hat, aufgeben?

Aber das eine Mal am Tag, gegen Morgen, kaum Jemand hört es, fast Alle schlafen, ist es, wie es immer war. In den Pausen zwischen seinen vier Strofen muß er das Viertel seines Rundbalkons abgehn. So haben die vier Strofen vier verschiedene Lautstärken, natürlich; der Wind macht auch etwas. Zur gleichen Zeit wehen von der Laleli, der Tulpen-Moschee, und von der Schechzade, der Prinzen-Moschee dieselben Strofen herüber, schwächer.

Wie es immer war. Der Reisende Dernschwam, von dem schon die Rede war, meinte, es klinge, wie wenn sich die Pauren auf dem Acker eins singen: A - O - O. Es ist aber keineswegs kunstlos; die Muezzine müssen eine arabische Sänger-Schule besuchen und, wenn ich recht bin, so bleiben dem Einzelnen außer dem Kanon Varianten. Und, wie es auch schon beim Dürrenschwamm war: zugleich mit dem Morgen-Singen und Hallen beginnen die Hunde zu jaulen, die berühmten Hunde von Konstantinopel, keine Hausgenossen wie unsere, keine Schönen, Wild der Großstadt, sich nährend von den mannshohen Müll-Bergen, die sich am Abend auf den Plätzen anhäufen.

Der Muezzin, mein Nachbar, dürfte nicht alt sein; ich kenne ihn, sah ihn all die Wochen manches Mal droben stehen und singen. Und doch, er ist uralt. Er nährt sich davon, daß sein Singen, alle fünf Male am Tag, immer war wie es jetzt ist. Jedes jetzt geschehende Mal hat alle vergangenen hunderttausend Male in sich; welche Wohltat. Wer mit Kindern und Tieren umgeht, kennt das: wie sie die Wiederholungen des Immergleichen genießen. Es sind ihre Liebes-Beteuerungen ans Leben.

Sein Dienst ist sinnlos geworden. Oder hat er eine andere Vorstellung davon, was Sinn ist? Schon möglich. Möglich, er hat sich weggewandt von den

Zwecken. Häßliches Wort: Zweck, bezwecken; wer weiß, was sich noch alles nebenbei unerwünscht festzweckt. Er hat sich weggewandt von dem, was sie machen, von den Motoren, Rekorden, von den Parolen, die den fünf Jahre später Geborenen schon wieder lächerlich sind, von der Dudelmusik, die sie vierundzwanzig Stunden am Tag durch sich spülen, von der Television, das Folgende verspült immer das Vorige. Von den Katastrofen, die sie Stunde für Stunde aufnehmen und nicht aufnehmen, von den Nachrichten, die ihnen immer gleich wieder ins Ungenaue wegrutschen, von den bunten Programmen, vom Klugschwatz. Abgewandt von den Dummglücklich-Machern der Neuzeit. Die Uniform, er will und will sie nicht anziehen. Er enthält sich. Er hat andere Begriffe von Wohlstand.

XIX

DAS KLOSTER WEITDRAUSSEN

Die Erlöser-Kirche tis Choras: da ist Griechenland. Wahrhaftig, da ist noch Byzanz.
Moni tis Choras, das heißt Kloster Aufdemland, Kloster Weitdraußen. Für gewöhnlich nennt man die Chora-Kirche mit dem Namen, den sie als Moschee trug: Karieh dschami also. Doch kein Mensch besucht dieses Bauwerk, weil es vierhundert Jahre lang Moschee war; das hat nichts hinterlassen. Das Griechische aber, die Mosaiken und Fresken, die ums Jahr 1300 entstanden, übertanzten die Zeit wie im Spiel. Wie eine Stimme aus einem anderen Land im Hörer dicht an der Ohrmuschel; man hört Atemzüge. Diese Mosaiken: Vorfrühling, März und April. Man möchte es den Amerikanern, die im letzten Jahrzehnt so viel Weltsympathien verloren, gutschreiben, daß sie diese Mosaiken wiederherstellten und die Fresken aufdeckten. Zwar die Mosaiken im Exo-Narthex und im Endo-Narthex waren von jeher bekannt; es ist nicht so, wie man hören kann, daß sie jetzt erst zu Tag kamen. Der erste Baedeker von Konstantinopel, der im Jahr 1905 erschien, kennt sie und rühmt sie. Doch die Leute aus Boston haben sie in den fünfziger Jahren zu neuem Glanze gebracht, und die Fresken in der Nebenkirche, im Parekklesion, haben sie aufgefunden, ein unverhofftes Geschenk. Als habe man einen anderen Giotto entdeckt.
Hier und in Venedig und in Ravenna und in Saloniki muß man sich die Vorstellung zusammenklauben,

wie sie war, die Stadt des Konstantinos, gottbehütete Kaiserstadt, wie man sie nannte, dieses Byzantion: dunkelglitzernd, goldfunkelnd, vollgestopft mit Kostbarem. Hier muß man es spüren, daß es eine Fälschung ist, zu sagen und zu meinen: erst sei das antike Hellas gewesen, und später, kaum zugehörig, Byzanz, etwas anderes. Da kommen sie und sagen: Aber zwischen der Antike und dem Späteren sei doch diese fatale Sache mit dem Jenseits gekommen, diese schädliche Sehnsucht nach Drüben. Sind sie so unweise, daß sie nicht wissen, Freude ist immer Vorfreude?

Dennoch ist es schwierig geworden, die berühmten Mosaiken und Fresken der Chora-Kirche zu sehen. Nicht weil die Kirche nicht zugänglich wäre; sie ist von zehn Uhr an jeden Tag offen und dann geht das so: Ein Luxus-Car voller Fremder schiebt sich aus der oberen Gasse, langsam, ganz langsam, weil die Gasse für seine enorme Länge zu krumm ist. Er fährt vorsichtig, seiner glitzernden Fracht wegen. Jedes Wegeloch bringt den Wagen zum Schaukeln, dann wiegen die Sassen wie Seetang. Wie unter Wasser sehen sie aus, schaun aus den Fenstern erstaunt, wie aus einem plötzlich gesunkenen Flugzeug; das machen die petroleumbläulichen Scheiben. Aber nicht doch, sie leben. Sie bewegen sich, die Luxus-Arche entleert sich. Welcher Zudrang von Ungläubigen, was muß die Kirche sich denken. In anderthalb Jahrtausenden hat sie dieses und jenes gesehen: Sünder und Heilige, Entzückte und Heuchler und Mörder, wehrlose Verfolgte und Plünderer. Kreuzritter, die ihr Christentum für einen Grund nahmen zu töten. Sah Moslim, die versunkener beten konnten als Christen. Was sie noch nicht sah: Pilgerzüge von Unpilgern.

Dann hallt die Kirche, ein eminentes Getöse. Fremdenführer in drei, vier verschiedenen Zungen gleichzeitig, ein nie dagewesenes Pfingsten. Was für eine seltsame Verkündigung. Die Kirche muß einst ihre Einrichtung gehabt haben: Ikonenwand, hundert oder fünfhundert Bilder, Teppiche, Betstühle. Jetzt ist sie leer, also hallt sie. Wie eine Wohnung, wenn Packer und Träger abzogen und man geht noch einmal durch die Zimmer, kommt sich vor wie ein Gestorbener, dessen Wiederkehr nicht gewünscht wird. Schon ein laut gesprochenes Wort muß in dieser Kirche zu laut sein; aber die Fremdenführer schreien sich gegenseitig den Rang ab wie die Bands beim Festival. Während die verschiedensprachigen Gruppen des einen Cars den Exo-Narthex, den inneren Narthex, die Hauptkirche, die Nebenkirche, das Parekklesion verheeren, ist schon der zweite und dritte Wagen gekommen; neue Scharen und Redner.

Nicht Alle hören. Viele haben anderes im Sinn, sind behängt mit hochintelligenten Maschinen, denen sie auftrugen, an ihrer Stelle zu sehen. Was an Empfindung und Scharfsinn verfügbar war, hat sich in diese rassigen Apparaturen verzogen; das ging über die

Bestände, die knapp wurden; hier reichten sie offenbar nicht mehr. Die Apparate sind nunmehr die Herrschaft, man bedient sie, erkennt ihren höheren Rang an. Hauptsache, sie sehen. Was abfällt, ist für die Diener. Es wird geblitzt und geklickt und gemessen. Zwar die Mosaiken in den Gewölben, in den Pendentifs sind schwierig zu fotografieren; keinerlei Aussicht, das in Minuten zu schaffen. Auch haben Meister des Fachs in wochenlanger Mühe das Beste zu Stande gebracht; deren Arbeit verschmäht man. Man muß eigene Buntware heimbringen. Man würde es sonst selber nicht glauben, daß man dort war. War man?

Sie verbrauchen die Welt wie Ware. Denn sie, Ausstoß aus Schiffen und Bussen, ruhelos und halbzufrieden, sind Produkt eines Industrie-Zweigs, den es bis vor Kurzem noch nicht gab. Daß der Transport von Reiselustigen eine Industrie ist, sieht und sagt Jeder; wie auffällig, daß dann nicht auch Jedermann einsieht, daß wir, die Teilnehmer, Züge des Hergestellten, Warenhaften annehmen. Es zöge die weitere Einsicht nach sich, daß Herstellung, die wir doch selber erfunden und hergestellt haben und von der ja doch kein Mensch mehr losgelassen sein will, ich nicht und du nicht, nunmehr stärker ist als wir selber. Ist aber Herstellung stärker, so wird sie aus den Leuten Verbraucher machen, verbrauchte Verbraucher, und so muß es denn eine verbrauchte Welt sein, die wir uns mit List und Eifer herstellen.

Kein Leser, der, wie man es eben beim Lesen zu tun pflegt, sich ein Fantasiebild vom Schreiber, ein Movie zurechtmacht, wie er in der altmodisch engen Stube am Boulevard Raspail schreibt, oder einen brandenburgischen Kiefernwald-Rand entlang geht, am Seeufer, oder den Riverside Drive in Manhattan, einen Block aus der Tasche zieht, mit sich selber spricht, etwas hineinschreibt, stehen bleibt, guckt, weitergeht –: kein solcher Leser kann annehmen, daß es mein Wunsch sei, mich über diese Reisescharen und ihre Art, Welt aufzunehmen, lustig zu machen; man sieht doch, ich mache mich traurig. Er kann auch nicht meinen, ich wolle mich für einen Besseren halten. Denn er muß ja gemerkt haben, daß ich nicht zu denen gehöre, die Rezepte ausschreiben fürs Weltglück. Ich sehe doch, daß Dinge im Gang sind, die ihre Unaufhaltsamkeit, keine Rückgängigkeit haben; da könnte sich Einer doch bloß im Selbstbetrug ausnehmen.

Also nichts, oder nicht sehr viel gegen diese Reisenden, die ja Gefangene dieses Jahrhunderts wie du und wie ich sind. Es ist eher so, daß an ihrer hungrigen Aufführung zu sehen ist, wie wir Alle daran sind. Fallmerayer war ein Jahr lang in Konstantinopel, bevor er seinen Mund auftat. Jetzt rechnet man für die Stadt zwei oder drei Tage, zwei Wochen, wenns hoch kommt. Spricht man Jemanden in diesem Sinn an, so hört man: Mehr könne er sich nicht leisten; dabei liegt auf der Hand, daß er sich ein Vielfaches leistet im Vergleich zu den bescheidenen Weltfahrern damals, und daß er sich schönstens bedanken würde, wenn er so leben sollte wie Die. Drängt man auf eine bessere Antwort, so mag herauskommen: Wenn man sich an ein und demselben Platz so lange Zeit aufhalte, so entgehe Einem zu viel; man müsse doch viel sehen. Unzählige Male hört man, man habe die Absicht, sich erst einmal einen Überblick zu verschaffen; späterhin werde man ins Einzelne gehen, sich genauer einlassen. Aber an einen Überblick, wenn man sich erst einmal auf den einließ, schließen sich immer nur andere an und bei Überblicken verbleibt es.

Irgend etwas muß sie zu diesem abenteuerlosen Weltverbrauch zwingen. Denn so viel ist sicher, ihr Verbrauch an Welt ist enorm. Wie sollte das auch nicht sein? Als wir uns, vor wie langer Zeit schon, zur Welt-Herstellung entschlossen, wurde da nicht bedacht, daß Verbrauch und Herstellung wie Model und Form sind? Nicht gesehen, daß Herstellung rapiden Verbrauch macht? Jeder weiß doch: Herstellung muß bankerottieren, wenn nicht verbraucht wird. Also erzwingt Herstellung den raschen, pauschalen Verbrauch. Schneller Verbrauch treibt die Herstellung, das kann der nur recht sein, da schwillt sie. Auch das ist Jedem geläufig.

Aber Welt soll ja hergestellt werden, darum kreisen

doch alle Wünsche der Neuzeit, darauf sind doch alle Energien gelenkt. Neuzeit ist Welt-Herstellung. Es soll, es muß und es wird auch der Mensch hergestellt werden; von diesem äußersten Pol aus muß man es ansehen.

Dachte man, die Sache mit der Herstellung ließe sich eingrenzen? Dachte man: Herstellung, feine Sache, Mühseligkeit der menschlichen Existenz erleichtert, glitzernde, funkelneue Güter für Alle, im übrigen aber bleibe schon alles beim gemütlichen Alten? und so komme, durch Herstellung, das endliche Weltglück?

Kein Gefühl für Macht-Verhältnisse? Kein Gefühl dafür, mit welcher Übermacht, Weltmacht man sich da einließ?

Hergestellte Welt, das wird leider verbrauchte Welt sein; wenn man das Eine einkauft, muß man das Andere mitnehmen. Eine Zeitlang fasziniert Hergestelltes, funkelt und glitzert, aber schnell wird es überständig, abgängig, drängt auf den Müll-Platz. Denn Herstellung, das versteht sich, drängt nach. Also, Welt-Herstellung, daraus muß verbrauchte Welt folgen. Welt-Müll.

Nichts darf mehr lang halten. Auch Überzeugungen nicht. Auch nicht Hoffnungen, Eindrücke, auch der Ruhm nicht, auch nicht Wahrheiten. Welt-Untreue. Alles was lang hielt, soll jetzt kurz halten; Herstellung will es so. Was lang hält, steht im Weg. Was halten will, muß weg.

Wie kann es da wundern, daß Welt nun verbraucht wird in großen schlampigen Mengen? So wie sie die

Reise-Scharen verbrauchen, aber nicht sie nur, und nicht bloß auf ihren Reisen; man sieht es an ihrem Fall nur recht deutlich.
Wie soll Welt da nicht verbraucht wirken, kurzfristig, billig, schattenhaft unwirklich, ungültig?

NIEDERGEFAHREN ZUR HÖLLE

So ist man, wenn man das Wunder der Chora-Kirche wahrnehmen will, gezwungen, sein Glück bald zu der einen und dann wieder zu einer anderen Tageszeit zu versuchen. In einer späten Nachmittagsstunde stand ich im Parekklesion, das ist die Nebenkirche, und dort vor dem Hauptbild, das die Apsis füllt. Das großmächtige Fresko stellt dar, was wir im Credo mit der Zeile »Niedergefahren zur Hölle« bekennen. Christos, das Licht, kommt herab zu den Schatten gefahren; die Schatten, das sind die Unerfüllten, die sich nach dem Sein sehnen. Christos ergreift den Adam und die Eva, das will sagen: uns Alle, bei den Handgelenken und zieht sie aus ihren Gruben ins Licht.
Das Fresko ist eine Lichterscheinung. Wahrhaftig: Das ist Doxa tu Theu, die Herrlichkeit Gottes. Unmöglich, beim Anblick dieses bekennenden Kunstwerks nicht an das andere christliche Hochbild, an den Isenheimer Auferstandenen zu denken. Doch ist das Fresko der Chora-Kirche um Jahrhunderte älter, aufs Jahrzehnt gleichzeitig mit Giotto.

Das sind Bilder, die den Rang von Zeugnissen haben, Beweise, die verläßlicher sind als Aussagen, weil die heucheln können. Kunst ist nicht lange Zeit lügbar.
Es ist wahr, oder wir dürften unseren Augen nicht trauen, und dann würde es keinen Sinn haben, daß Bilder gemalt und daß sie von Anderen aufgenommen werden wie Nahrung –, es muß wahr sein: Denen ist Christos erschienen. Die sind im Sturm der Erscheinung gestanden, die haben es brausen hören. Die hat es gefaßt und gebeutelt, in die ist es gefahren. Die haben es ausgehalten. Die haben, gepreßt, auch noch eine Antwort gefunden. Mit der Zeit, man verliert das Vergnügen an allem, was nicht so auf den Grund geht.
Ob es eines Tags dämmert, daß die besser lebten als die so weit fortgeschrittene Neuzeit? Daß die, bei allem Welt-Übelstand, der ja doch bloß springt, bloß das Namenschild wechselt –, daß die zur Freude fähiger, also im Ganzen besser daran waren als die so wohlausgestattete Neuzeit? da deren Unterhaltung ja doch keine untergehaltene Hand ist? die, sobald sie zu Wohlausstattung gelangt ist, ihren Zustand verabscheut? die sich alsbald zu sehnen scheint, es gepreßter zu haben als so glatt, ohne jedes Gefälle?
Vor so einem Bild stehen, heißt bis zur Meisterschaft den Neid lernen.

Einhundertfünfzig Meter von der Hagia Sophia und zweihundert von der Moschee Sultan Achmeds entfernt, in der Divan Yolu Dschaddesi, gibt es ein Gartenlokal, das auch einen Innenraum und einen ersten Stock hat und sich Lale, das heißt Zur Tulpe nennt, ein Gammlertreff, emsig beflogen von Mädchen, denen es geglückt ist herunterzukommen, grauteintig, haarsträhnig, Buntfetzen, Prallschenkel, sodaß die jungen Türken, die nichts dergleichen gewohnt sind, der Profet sieht nicht gern Nacktes, sogar im Hamam, im berühmten türkischen Bad nicht, unter Männern, wo der Badeknecht durch die Zähne pfeift, wenn ein Hüfttuch verrutscht ist –: sodaß die jungen Türken, in dem Stau, in welchem sie leben müssen, gezwungen sind, ihnen nachzurufen oder ihnen den Reibedaumen zwischen zwei Fingern unter die Nase zu halten, was Die mit den Trauerblicken erwidern, mit denen sie überhaupt in die Welt sehen. Ihnen scheint das nichts auszumachen, sie sind hinweggealtert mit siebzehn. Ihre Freunde sind haarig, wobei die vollkommen zugewilderte Spielart wie auch die gestrählte, sanftsamtene vorkommt. Alle englisch sprechend, auch unter einander, wenngleich man es unschwer heraushört, wenn ihnen die Zungen deutsch wuchsen.

Sie sind unterwegs auf der alten Opium- und Hasch-Straße, auf der alten Seiden- und Karawanen-Straße Istanbul, Ankara, Teheran, Kabul, Lahur, Nepal, denn das ist ihr Mekka. Das geht auch aus dem

Schwarzen Brett in der Tulpe hervor; es ist vollgepinnt mit Gesuchen um Mitnahme, Luftreisen nicht ausgeschlossen, bei erotischen Winken, wobei man an jeden Bedarf denkt.

Es sind gute Gesichter darunter, mehr gute als andere. Einst wohlbehütete Mädchen, wie auch nicht, denn es sind Auswanderer, Protestanten, die das Drucklose der Wohlfahrt nicht aushielten, also weit mehr Sympathien verdienen als die Schwabinger oder Sylter Schwimmer auf süßer Suppe, die nach Revolution dürsten, doch nicht das Wenigste herzugeben gewillt sind, wenngleich ihnen oft gesagt wurde, daß die Erde nicht genug Stoffe hätte, wenn alle Milliarden, und die noch dazukommen werden, so leben wollten wie wir.

Davon diese hier die gute Ausnahme. In Istanbul schwimmen sie durch die Menschen-Ströme der Straßen, nichts und niemanden zur Kenntnis nehmend, als ob sie eingeweiht wären; sprechen nicht mit Profanen. Es gibt für sie Herbergen, schlafen auf dem Fußboden, Schmutz, klägliche Wasser-Zapfstellen, üble Latrinen; wenn Jemand wagen würde, ihnen das daheim anzubieten.

Die Sandalen, die zwischen dem großen Zeh und dem zweiten eine Trense haben, keine Fersen-Kappe: werden sie die zehntausend Kilometer aushalten? Hier in Istanbul mags gehen. Aber weiter dahinten? wo das Volk so entsetzlich arm ist, daß man ihnen nicht helfen könnte, selbst wenn man verstünde, was das soll, da dort mit der Armut kein Flirt, vielmehr entsetzlicher Ernst ist?

Wer eine Tochter hat, die heranwächst, sitzt am Tisch, stützt den Kopf in die Fäuste und sorgt sich.

NIEDERGEFAHREN ZUM HADES

Das Parekklesion war leer, nur eine Gruppe von vier Besuchern war außer mir da, Franzosen, die sich halblaut unter einander berieten. Dann löste sich eine Dame, Hosenanzug, schwarz, zweireihig, goldene Knöpfe, langschößig, trat auf mich zu und fragte: ihre Freunde verstünden nicht, was sollten die seltsamen explodierenden Trümmerstücke bedeuten, mit denen die untere Zone des großen Bildes bedeckt sei?

Ich freute mich, denn ich konnte antworten. Ich war lange genug in Griechenland unterwegen gewesen und hatte das Niedergefahren, da es ein Hauptstück des Bilderkanons in Griechenland ist, oft genug auf Ikonen, in griechischen Kirchen, auf Mosaiken, in griechischen Handschriften gesehen; also erklärte ich ihr: Das seien die zersprungenen Pforten der Hölle, man erkenne die Torflügel, die in der Luft herumflögen, und man sehe die Trümmer der Torschlösser und die Fetzen der Tür-Angeln.

Aber seien es wirklich, wie unser Text laute, die zersprungenen Pforten der Hölle? Das müsse ich fragen. Ich meine, sie seien es und sie seien es wiederum nicht. Wohl Torschlösser in Stücke gerissen, wohl gesprengte Türangeln, die in der Luft herumflögen;

da das Licht einfahre, verrinne eben das Dunkel. Aber handle es sich um die Hölle? um den Ort der Verdammnis, um den Kerker der Strafe und Rache? Ich könne es nicht glauben. Ich glaube vielmehr, daß ein Übersetzungsfehler vorliege oder wie man es nennen wolle, ein Mißverständnis von gewaltiger Folge, das die Lage verändere. Denn Hölle, das stehe im griechischen Urtext gar nicht, wie ich mich eines Tags überzeugt habe; dort stehe: Niederfahren zum Hades. Aber der Hades, das Reich der Schemen und Schatten, die nach dem Leben zurückverlangen, die einen unerträglichen Durst nach dem Sein hätten: das sei offenbar etwas anderes als der Höllenkreis der Verdammten. Frevler, Verbrecher: seien das Adam und Eva? Schwach, ja. Unvermögend und irrend, hinfällig, rückfällig: das sicher. Im Dunkeln tappend, ewig den Ausgang suchend, des Lichtes bedürftig, es von sich aus zu finden kaum fähig, oder doch nur momentweise, dann gleich wieder abfallend: das aller Dinge. Das freilich. Wenn aber der Hades ihr Ort sei, ihre Unheimat, so sei das etwas anderes als der Ort der Strafe und Rache. Schattenreich sei nicht Hölle.

Die Französin glaubte mir nicht. Sie hatte, eine junge Katholikin, in der Klosterschule die Hölle gelernt. Obwohl sie nicht aussah, als ob sie darauf anwarte, sie war mit dem Drohbild der Hölle erzogen und, übrigens, was Frauen einmal gelernt haben, das haben sie eben gelernt.

Sie meinte: Da müsse sie aber doch ihre Freunde befragen, das wolle sie mir nicht glauben.

Ich ging mit ihr, sie erklärte den Fall ihren Freunden. Der Senior der kleinen Gesellschaft, dem sich die Blicke von Allen zuwandten, war ein nicht großgewachsener Herr; er war sorgsam städtisch, doch nach vergangener Mode gekleidet; blasse, fast weiße Gesichtsfarbe, eine scharfgebogene Nase, die darauf schließen ließ, daß ihr Träger im Angriff geübt war. Schräggiebelige Brauen, Anzeiger von Schmerz und von Krankheit.

Er sagte: »Ich glaube zu verstehen. Sie sagen, wenn unsere Amelie recht auffaßte, daß im Niedergefahren zur Hölle nicht der Ort der Verdammnis gemeint sei, vielmehr das Reich der Schemen und Schatten, der alte Hades, dessen Vorstellung den Griechen von frühen Zeiten her eingepflanzt und auch später gewiß noch zur Hand war. Lassen Sie uns prüfen, ob das eine Möglichkeit ist. Ich bin Humanist, ich darf vermuten, auch Sie; so wissen wir Beide, daß das Vorgefühl einer Zukunft im Hades, im Reich des Nichtseins, vielmehr des Halbseins, ein Schatten-Nachleben, der Antike ein schwarzer Alpdruck gewesen sein muß.«

Er gebrauchte den Ausdruck cauchemar.

»Gut«, fuhr er fort, »ich verstehe, daß das eine Frage vom ersten Rang ist und ich glaube nicht, daß ich zu denen gehöre, die einen großen Gedanken bloß unter groß registrieren und ablegen. Die Hölle liegt fern. Sie bedroht den Verbrecher, den Mörder. Das Reich der Schatten aber, lieber Freund, wenn ich Sie so nennen darf, ich bin der Ansicht, daß wir des Öfteren dort weilen. Jeder von uns; der Eine häufiger und länger, der Andere seltener, wer niemals? Im Hades, das heißt: seine Ohnmacht fühlen, das heißt: sich beim Unwesentlichen aufhalten. Das heißt: sich in der Zerstreuung verlieren, im Getriebe, Gemache. Die Sehnsucht, dem zu entfliehen, haben wir wahrscheinlich Alle. Der Ort, dem man entfliehen will, das ist eben Hades. So ließe sich das Schattenreich definieren.«

Ich hatte Grund mich zu freuen. Da war ich also, wie es das Reiseglück nicht selten herbeiführt, an den Rechten gekommen, nämlich an Einen, der gewohnt war, die Dinge nicht vordergründig zu sehen, nicht eindeutig. Die unerfreulichen Unterredner sind die, die fortwährend das Richtige mit dem Wahren verwechseln, also das Richtige zwar als richtig erfassen, es aber nicht ausschreiten; eine Wahrheit wie eine Fahrplan-Änderung verzeichnen; kein Flügelschlag, keine Weite.

Ist es nicht auch die besondere Art der Franzosen, in eine Erörterung von Rang sofort, wie in eine Wohnung ohne Flur einzutreten, so als gehöre man derselben Gesellschaft, die es doch gar nicht mehr gibt, an? und als habe man schon seit zwei Jahrtausenden über Lebensfragen, also Heilsfragen nachgedacht und gesprochen und sei nur, wie am Telefon bei Störung, ärgerlich unterbrochen gewesen und spreche nun, ohne Floskel, gleich weiter?

»Das Schattenhafte«, sprach er weiter, »wenn Sie erlauben, daß ich Ihren Gedanken entwickele, bedroht uns immer und Alle. Hades ist täglich. Vergeblichkeit ist, was ins Haus steht, nicht wahr. Ich denke, das wollten Sie sagen. Sie meinen, es sei der Glaube der Griechen gewesen und sei es noch immer, daß uns mehr als die tägliche Sünde das tägliche, nächtliche Schattenwesen bedrohe, das Trübe, Halbe, Zerstreute. Das Schattenhafte sei nicht, wie Gerichtstag und Hölle, ein Später, vielmehr ein ungesicherter offener Schacht in der Straße, in den wir leicht fallen, jeden Tag, jede Nacht, jede Stunde. Hades, das ist der gespenstische Leerlauf, das ist mein Terminkalender, die ausgebuchten Wochenprogramme, dieses Pausenlose, die ununterbrochene Zerstreuung. Gewiß, da haben Sie mich auf Ihrer Seite; auch ich bin sicher, es ist die große Angst der Griechen gewesen, ihre Angst ist auf das Schattenwesen gegangen, nicht auf die Sünde. Der Alpdruck des Hades, wie wir ihn schon aus dem Homeros kennen, elfter Gesang, des Odysseus Fahrt zu den Schatten. Das haben die Griechen ins Christliche mit herübergenommen, da sind Griechen Griechen geblieben. Aber lassen Sie sehen, ich bin Anwalt, ob Ihre These zu verteidigen ist. Wir müssen methodisch vorgehen.«

Er war, wie ich später wußte, ein bekannter Strafverteidiger, leidenschaftlicher Verehrer Pascals und, da ihm sein lebenslanger Beruf mehr Einblick, als ihm lieb sein konnte, gewährt hatte in die ewige Streitsucht der Menschen, ihren ewigen Neid und ihre unzähmbare Lust, sich Macht von Anderen zu stehlen, zu unterdrücken also, so war er vertraut mit dem eingewurzelten Bösen.

»Ich theologisiere gern«, spann er weiter, »Sie haben die Ader angeschlagen, wir müssen nun sehen, ob es

Gold oder ob es nur Blei ist. Immerhin, wir haben für unsere Unterhaltung einen Ort von höchster Bedeutung gesucht, oder er uns. Wir können auf den Beistand von manchen Heiligen rechnen.«
Er wies auf die lebensgroßen gemalten Gestalten griechischer Kirchenväter auf den Wänden, Athanasios, Kyrillos, Gregorios von Nazianz und die Heiligen Sergios und Bakchos.
»Ich bitte es mir nachzusehen, wenn ich mich setze«, fuhr der alte Herr fort, und ich bemerkte jetzt erst, daß er den bekannten angeborenen Hüft-Fehler, die Luxatio coxarum hatte, die den Schaukel-Gang verursacht. Er benutzte eine Stein-Stufe, auf die ihm meine Fragerin seinen Mantel gefaltet zurechtlegte. Er setzte sich, wir Anderen standen.

»Ich verstehe nicht recht«, kam ein Einwand, die Frau des Anwalts erhob ihn, eine von denen, die nicht viel sagen und nachher meint man, man habe sich selten so gut unterhalten, »ich verstehe nicht, was Sie für einen Unterschied machen. Läuft es nicht auf dasselbe hinaus, Hölle, Hades? Hades, da muß ich an den Tantalos denken, und an den Sisyphos, der den Felsen wälzt, der ihm immer wieder vom Gebirge zurückrollt. Sind das nicht Höllenqualen?«
Doch nicht, mußte ich erwidern. Denn wir wüßten im Hades ganz gut Bescheid, nicht nur, weil viel davon in den Fahrten des Odysseus vorkomme, der dort war. Wir kennen ja auch andere Geschichten,

so die von Orpheus und der Eurydike und von der Alkestis, wie habe das die Gemüter bewegt, Gluck und Händel und Hofmannsthal und Cocteau und Strawinskji. Dann habe es ja auch das große Hades-Fresko in Delfoi gegeben, das Polygnotos gemalt habe; zwar wir besäßen es nicht mehr, aber wir hätten den guten Baedeker und Guide bleu der Antike, den Pausanias, der es uns auf seine fantasielos genaue Art schildere. Daher wüßten wir, daß der Hades, das Schattenreich der Antike, ganz und gar keine Hölle war, kein Ort der Strafe und Rache, kein Brenn-Ofen. Da sah man Mädchen in Blumenkleidern, die Ball spielten, auf Schaukeln saßen und ein Knabe erhielt Musik-Unterricht. Andere spielten Würfel, Andere andere Spiele, Jeder tue, was er im Licht eben auch getan habe, bloß schattenhaft, freudlos. Ohne Abenteuer und kraftlos; ein Schein-Leben. Und was den Tantalos und den Sisyphos angehe und die drei, vier anderen Bestraften, so seien es Wenige unter Vielen auf dem Gemälde gewesen, und es sei zu bedenken, daß sie nicht so sehr mit Qualen als mit dem Vergeblichen gestraft waren, also auch mit dem Schattenhaften. Daß Tantalos vergeblich schöpfe und vergeblich vom Apfelzweig zu pflücken versuche, und daß Sisyphos vergeblich wälze, und Oknos, der am Ufer des Unterwelt-Flusses ein Seil aus Schilf flechte, das ein Esel hinter ihm immer gleich wieder auffresse, und die Töchter des Danaos, die aus lecken Krügen vergeblich schöpfen in Fässer, die leck sind: allesamt Angestrengte, doch sinnlos. Allesamt Arbeiter, doch fruchtlos. Auch falle in die Waagschale: Weder Sisyphos noch Oknos seien, soviel wir wüßten, Verbrecher; Sisyphos habe den Tod überlistet, das wünsche sich der Arzt auch, und vom Oknos, diesem zwecklosen Arbeiter, wüßten wir kein Vergehen.

Der Advokat meinte zu den Seinen gewandt: »Er hat recht, er überzeugt mich. Ich glaube, daß Sie Recht haben oder doch nicht Unrecht. Wenn ich mich umsehe, so kenne ich viele Mitarbeiter dieses Oknos, zu viele. Ich verstehe, worauf Sie hinauswollen. Sie meinen die Mühsal ins Leere. Sie meinen das Absurde sei Hades. Sie meinen: Hades, nicht Hölle. Sie meinen: eine größere Angst als die Angst vor Sünde habe die Griechen beunruhigt: die Angst, ins Wesenlose, Nichtige, Schattenhafte, Fade und Trübe zu fallen. Aus dem Licht zu fallen. Wir müssen damit rechnen, daß die Griechen Christen ohne Augustinus sind. Augustinus, das ist an ihnen vorübergegangen. Augustinus, Sie wissen, ist der Erfinder, ich sage: der Erfinder der Erbsünde. Augustinus erfand: Zeugung ist Weitergabe von Sünde. Ich glaube dem großen Mann, dessen Bekenntnisse ich bei den Büchern stehen habe, die ich fast jedes Jahr wiederlese –: ich glaube dem großen Manne nicht Unrecht zu tun, wenn ich sage: Er verschmolz den Gedanken der Erb-Sünde, den Ihr Hegel einen der tiefsten Gedanken nennt, mit dem Begriff der Zeug-Sünde. Zeugung war ihm gewiß nicht so sehr im physischen wie im metaphysischen Sinn: Sünde. Aber Jeder, der eine Lehre lehrt, muß wissen: Sie wird sich banalisieren. Was alsdann aus ihr wird, muß er einrech-

nen. Uns Katholiken und gleichermaßen Euch Lutheranern, wenn ich sie richtig als Lutheraner einschätze, also allem was von Rom abstammt, hängt davon etwas im Blut. Das versteht kein Grieche. Auch was mich anlangt, ich würde nicht zögern, es ein unübersehbares Unglück zu nennen.«
Ein junger Mann im dunklen Rändelbart auf blühenden Wangen, wie ich später wußte, der Verlobte der jungen Dame, die mich zuerst gefragt und so den Faden unserer Reisebekanntschaft geknüpft hatte, bemerkte jetzt: »Wenn es so ist, bin ich immer eher Grieche als Römer gewesen.«
Der alte Herr beachtete die Bemerkung nicht, spann weiter: »Hölle, Hades. Und was sagen die heiligen Texte, was sagt das Evangelium dazu? Sie sind Lutheraner; es heißt doch, daß die Evangelischen uns Römischen an Bibelfestigkeit voraus seien. Also, wie steht das?«
Hier ließ sich antworten, daß die Texte, befragt, einen merkwürdigen Sachverhalt gäben. Nämlich, es werde das Hebräische Fremdwort Gehenna gebraucht, wenn der Strafort des jüngsten Gerichtes gemeint sei, und daneben, ganz abgesondert, stehe der griechische Hades und meine offenbar anderes. Hades, das Wort werde im Evangelium viele Male gebraucht. Für die Ohren der Griechen müsse das, es sei anders gar nicht zu denken, die alte Vorstellung vom Reich der Schatten erweckt haben, in das zu fallen eines Jeden Zukunft, eines Jeden Schicksal war. Wie sollte der tausend Jahre alte Glaube sich so schnell verflüchtigt haben? In unseren Übersetzun-

gen aber werde beides vermengt und mit Hölle wiedergegeben. So an der Hauptstelle, im ersten Korintherbrief, wo es bei Luther heiße: »Tod, wo ist dein Stachel, Hölle, wo ist dein Sieg?« Im Text aber stehe nicht Gehenna, nicht Hölle, vielmehr Hades: Alpha, Jota, Delta, Epsilon, Sigma. »Tod, wo ist dein Stachel, Hades, Schattenwesen, wo ist dein Sieg?«

»Man sagt aber doch: Die Pforten der Hölle, les portes de l'enfer«, brachte die Frau des Anwalts vor, »und dort auf dem Fresko sind doch, wie Sie erklärt haben, die zersprungenen Türflügel und Torschlösser. Also doch offenbar Hölle.«

Ich meinte anders. Wohl, Höllentor, Pforten der Hölle, man sage so. Weil man eben alles vermengt habe. Wo aber stehe geschrieben, daß die Hölle ein Haus sei? ein Schloß, eine Lubjanka? Das stehe nirgends.

Hingegen sei Hades in alten Zeiten immer als Haus des Gottes gedacht worden, vielflurig, vieltürig, im dämmerigen Halblicht. Ein Haus, aber unheimlich. Haus des Hades, das sei für die Antike ein fester Begriff gewesen, wie denn auch Jedem der Torwächter, der Kerberos bekannt sei. Der Gott Aides, der selber nicht sehen könne und den niemals Jemand gesehen habe, sei der Herr über eine Art versunkenen Palast gewesen. Jeder von uns kenne auch diesen Dämmerpalast, da wir in Träumen oft dort umherirrten, im Hades der Traurigen, Trüben, Zerstreuten, oder wie man auch sage: der Gelangweilten; kein gutes Wort übrigens im Deutschen, Langeweile, da es so tue, als ob Kurzweil die Medizin sei, das Fernsehen. Viel besser, wenn man es, wie ihr großer Baudelaire, den ennui nenne, den plötzlichen Anblick des Nihil. Die ewige Abtrift der Dinge. Ihre böse Lust zur Verminderung, zur Abnahme. Der Hang aller Wesen und Dinge zum Faden; wenn man irgend etwas nach Jahren wiedersehe, könne man ermessen, wie es fortgeschritten sei auf seinem Gang zu den Schatten. Wie es sich verändert habe hin zum Abgelebten, zum Welken. Die Schatten-Hinabfahrt von allem. Daß alles sich nach dem Nichtsein sehne, und so lang es nicht nichtsein dürfe, sich wenigstens fremd mache. Daß alles, sobald man ihm nicht inständig zurede, sich fremd mache.

»Ich weiß das und ich kenne das, oh ich kenne es«, nahm der Anwalt meinen Gedanken auf, es sah aus, als überschwemme sein blasses Gesicht eine jähe Melancholie, »und ich bekenne, daß ich von dem Gefühl verfolgt bin, als sei Hades im Vordringen. Ich spüre es in Nächten. Mir kommt vor, als wehe uns zunehmend Hadesluft an, eine Schatten-Zugluft. Wissen Sie etwas?« es erheiterte mich, zu bemerken, daß er in das Pathos eines Plädoyers fiel: »Wissen Sie etwas? Mir kommt es zuweilen so vor, als seien die Tore des Hades nicht mehr, wie vor Zeiten, zum Einlaß geöffnet, sondern zum Auslaß.

Schatten-Gewimmel von dorther. Schatten-Heere dringen von dort in die Oberwelt ein und besetzen sie. Ein Gewusel unübersehbarer Massen, die von Parolen dahin getrieben werden und dorthin, wie Ephemeriden, langflügelige, weichflügelige, die wir« er wandte sich seiner Frau zu, »auf der Seine gesehen haben, in Augustnächten. Werden vom Schiffswind dahin und dorthin getrieben, weiße Wolken, Millionen, zahllos und farblos, werden auf dem Deck zu Bergen zusammengeweht, man kann es nicht einmal einen Tod nennen.«

Ich bemerkte, daß es unter anderem auch die unabsehbare und offenbar unaufhaltsame Vermehrung der Menschen war, auf die er anspielte, bekanntlich ein Ergebnis der Wissenschaft, eine Folge überwundener Seuchen und am Leben bleibender Kleinkinder, und weil die Frauen in den Wochenbetten nicht mehr stürben wie früher –: einer unzweifelhaft sehr guten Sache also –, die jetzt auf einmal ein Gorgonen-Antliz enthülle –, die ein gänzlich Ungewolltes herzeige, auch ihr Unaufhaltsames –, die unseren Stolz höhne, da wir dachten, Herren unser selber zu sein und Herren der Verläufe, die wir in Gang brachten –, die eine Zukunft eröffne, die uns grausen mache –, sodaß die Meisten nicht einmal wagen, sie zu bedenken, lieber in Vordergründen sich umtun –, und er erwiderte: »Das Hadeshafte liegt darin, daß Gutes gewollt wird. Wenn es so einfach wäre, daß Böses geplant und erzielt wird, so wäre alles beim Alten. Das Gespenstische liegt doch gerade darin, daß Gutes gewollt und erreicht wird und daß es unterhand umschlägt. Wissenschaft, wie sie geworden ist, was man jetzt an Stelle der alten Mühe um Weisheit so nennt, also die Welt-Ausrechnung und Welt-Herstellung: daß die sich als eine triumphale Vergeblichkeit ausweist, das muß man begreifen. Wissenschaft, was man jetzt eben darunter versteht, ist der Hades-Führer. Wissenschaft ist an die Stelle des Hermes getreten, des Reiseleiters zum Hades.«

Ich sagte, daß dies wohl eine Seite des Würfels sei, der, anders geworfen, eine andere Seite mit anderen Zahlen vorweise; der Würfel freilich bleibe ein und derselbe und das Spiel auch. Der bekannte Umstand, daß in den fortschreitenden Wissenschaften kein Gelehrter mehr mitkomme, auch in seinem engsten Fach nicht, daß er vielmehr einen achtundvierzig-Stunden-Tag, wenn es ihn gäbe, darauf verwenden müsse, allein um den Fortschritt aufzunehmen, eine Bedingung also, die niemand erfüllen könne: dieser bekannte Umstand bewirke, Wissen sei schlechtes Gewissen geworden. Zwar, Wissenschaft sei ausgezogen, um ein Ende mit den Schuldgefühlen zu machen, wollte das Haupt der Menschheit aufrichten, alles aufklären; doch es sei anders gekommen. Wissen sei schlechtes Gewissen, und Wissenschaft mache den Menschen nicht, wie sie doch versprochen habe, über sich und sein Schicksal mächtig, vielmehr, Keiner wolle es hören, so ohnmächtig, ausgeliefert wie niemals. Sie füttere den Welt-Schatten.

»Da sind wir«, erwiderte der Alte, »da sind wir in unseren Vorgefühlen nicht weit von einander entfernt, was mir bemerkenswert scheint, da wir aus verschiedenen Ländern und, wenn ich recht vermute, aus verschiedenen Beschäftigungen kommen und zudem unsere Ansichten weitab von unseren Wohnorten am Rand von Istanbul tauschen. Wenn ich Ihre Metafer vom Würfel aufgreifen darf und den Würfel erneut werfe, so sage ich: Der Weltschatten, den wir Beide als Keller-Zugluft bemerken, wird durch einen Umstand vermehrt, der mir zu schaffen macht, täglich, gar nicht von meinen Nächten zu sprechen. Nämlich, in dem Halblicht, im Hadeslicht, in dem ich die Welt mehr und mehr sehen muß, findet ein mörderischer Kampf statt um Nebensachen, aus Scheingründen. Denn was bedeutet es, im Angesicht unseres sinkenden Welttags, des einfallenden Weltschattens, ob diese oder jene Form des Wirtschaftens mehr allgemeines Glück bringe, was doch immer bloß so-so und verhältnismäßig und vor-nachteilig sein kann? ob diese oder jene Form, in der menschlichen Gesellschaft zu leben, mehr zu empfehlen sei? wo doch die ganze Menschheit vom Hades-Andrang bedroht ist? Ich meine, lieber Freund: daß dieser Kampf, der auf Leben und Tod geht, bewirkt, daß Unheimlichkeit zunimmt. Sie haben des Odysseus und seiner Reise zum Hades-Eingang gedacht. Gut. Aber während dieses Odysseus-Schiff, unser Welt-Schiff, dem Okeanos-Strudel zutreibt, findet im Schiff ein mörderischer, zweckloser Kampf statt, Alle gegen Alle, und auf die Abtrift merkt Keiner. Und das Schiff trägt den Namen Welt-Ausrechnung, nicht wahr, und der Schlund, der es ansaugt, heißt Welt-Schatten.«

Ich sagte: »Jetzt werfe ich den Würfel noch einmal. Es gibt, wenn ich recht bin, eine Variante des Mythos, wie denn Mythos aus lauter Varianten besteht, nie festliegt, immer treibt, immer schillert, das ganze Gegenteil eines Dogmas. Eine Variante also, wonach die Schatten nicht wissen, daß sie als Schatten unter Schatten im Schattenreich sind. So nämlich:
Am Eingang zur Unterwelt gab es, wie bekannt, zwei Wasser: den Fluß Lethe, an dessen Ufer Zypressen stehen, die keine Farbe haben, blaß durchschimmern wie die Hüllen gestorbener Insekten. Gegenüber, auf der anderen Seite der Toten-Straße, war der tiefe Stein-Brunnen, der Mnemosyne hieß, Erinnerung also.
Die Toten, die ankamen, hatten Weisung, zuerst vom Fluß Lethe zu trinken, damit die Tafel ihres vergangenen Lebens, ihr Gedächtnis schwarz, leer, gänzlich gelöscht sei. Damit sie alles und alles vergäßen. Daß ihr Gedächtnis-Speicher geräumt sei. Dann aber, gegenüber, sollten sie Mnemosyne schöpfen, aus dem Zieh-Brunnen, und trinken, damit auf der schwarzen Tafel aufscheine, was der Erinnerung wert war. Das wenige Wesentliche also aus ihrem vergangenen Leben. Das Wesentliche, das sie getan hatten oder das ihnen widerfahren war: die Ereignisse, in deren Feuer sie gestanden hatten, die paar Taten, die ihnen geglückt waren, ihre Glücke, ihre Höhen, ihre Aufschwünge.
Nun aber die Variante, die uns trifft. Nämlich, nun gab es Welche, die im Gehast der Vielen, die gleichzeitig gestorben waren und schubweise ankamen,

transportweise, weil es ja mehr und mehr wurden und weil das alles ja gar nicht eingerichtet war auf Massen, wie sie da droben jetzt lebten und natürlich auch starben –: gab es Welche, die im Gedränge verkehrt tranken, in der falschen Folge. Dann geschah es, daß ihr Gedächtnis alles und alles aufbewahrte, das Unwichtige genau wie das Wichtige, das Wertlose genau wie das Köstliche, das Verworrene genau wie das Klare, alles ohne Rang, ohne Stufe, wie ein Computer. Der Schluck Lethe aber, den sie dann tranken, anstatt, wie sie doch gesollt hätten, vorher, bewirkte, daß sie vergaßen, daß sie im Schattenreich waren. Nun haben sie Gedächtnis und haben Vergessen; nun haben sie beides zugleich. Sie behaupten: Da, wo sie sich nunmehr aufhielten, der Hades, das Schattenreich also, das sei Leben. Sie behaupten: Das Schattenreich sei das Leben. Sie glauben, und es wäre zum Lachen, wenn es nicht so schauerlich wäre: sie glauben, daß sie Lebende unter Lebenden seien. Dabei sind sie doch Schatten im Schattenreich unter Schatten, und tun und reden Schattenhaftes wie Schatten.
Ist das unsere Lage?

XX

Vier Male in den berühmten Mosaiken der Chora-Kirche kommt Satan vor. Es ist in der Versuchungs-Geschichte. Sie hat drei Auftritte. Breit in der Mitte die Szene auf dem Berg-Gipfel: die Verheißung Satans, daß er Demjenigen den Besitz der Welt verschaffe, der ihn anbete.

Richtig, denn dies ist die Haupt-Szene. Das vorherige Versprechen, Steine in Brot zu verwandeln, läuft auch auf Weltbeherrschung hinaus; wer verspricht, so viel Brot wie Steine anzuschaffen, der hat sie Alle. Und auch der Vorschlag des Teufels, Jesus möge dem Volk auf der Zinne des Tempels erscheinen, ist nichts anderes; wenn Jesus dem Volk so erschiene, so wäre das ein Messias-Bekenntnis und kündete Weltmacht an. Dann wäre er Messias, König der Juden.

Die Versuchungs-Geschichte, das ist das einzige Mal in den Evangelien, daß der Teufel leibhaftig erscheint und daß er redet. Wohl ist in den Evangelien öfters vom Teufel die Rede. Er hat Unkraut unter den Weizen gesät, er wird ausgetrieben, auch bitten Teufel, daß sie dürften in eine Herde von Säuen fahren, die sich dann in den See stürzen, und Satan fährt in den Judas. Und es gibt die Rätselstelle, wo es heißt: »Ich sah Satan wie einen Blitz niederfahren vom Himmel.« Aber nur in der Versuchungs-Geschichte tritt er persönlich auf, redet; es entsteht Rede und Gegenrede. So sagt der Teufel: »Es stehet geschrieben: Die Engel werden dich auf den Händen tragen, daß du deinen Fuß nicht an einen Stein stößest« und Jesus antwortet ebenso: »Und wiederum stehet geschrieben ...« Es ist ein Streitgespräch mit Schriftworten, als den einzigen Argumenten, die ziehen; das, wie merkwürdig, ist auch die Ansicht des Teufels.

Da muß man gespannt sein, wie der Mosaiker den Teufel darstellt. Schön ist er. Schön, schlank und feurig. Kein Grünewald-Teufel, der auch sein könnte. Ein Feuergeist ohne Zweifel. Er ist geflügelt; seine Engel-Herkunft ist unvergessen, Engel der Finsternis, Luzifer, Lichtbringer. Er ist auch ein Tänzer, und ein Tänzer, der gut daran ist, denn er hat nicht bloß seinen Körper und Arme und Beine zum Ausdruck, hat auch noch die mächtigen Schwingen, die so groß wie er selber sind. Die byzantinischen Meister waren Verehrer der Engel von jeher, und liebevolle Darsteller ihrer ungeheueren Schwingen; so läßt sich auch dieser hier nicht entgehen, die Flügel rauschen zu lassen. Wenn Satan auf die Könige drunten in den Ebenen weist, so ist der eine Flügel bedeutend nach oben gereckt, der andere senkt sich nach drunten. Später, im Abflug vom Berggipfel, sind die Schwingen wie im Aufwind nach oben gerüstet; auch das Haar flammt.

Dieser Teufel, voller Unruhe, ist ein Feuriger. Seine Rede muß enthusiastisch sein. Solang man ihm zuhört: Alles wird wunderbar sein. Herrliche Zukunft. Er fasziniert und ist leibhaft. Kein Prinzip. Er ist nicht das unbestimmt Böse; er ist eben Der Böse.

Am Ende haben wir uns keinen so großen Gefallen

getan, daß wir den Leibhaftigen nicht mehr glauben. So lange man gewärtig sein mußte, daß er zur Tür hereinkam und man konnte ihm auf der Straße, im Hausflur, um die Ecke im Bäckerladen begegnen, sodaß man ihn sehen konnte: es war wohl auch eine Hilfe.

DER SIEBENTE TEUFEL

Jeder kennt, Jeder rühmt die Szene, die Lessing aus dem Manuskript seines Doktor Faustus, das später verloren ging, mitteilt. In dem berühmten Literatur-Brief ist davon die Rede, daß das altdeutsche Volkstück Szenen besitze, so stark, so ursprünglich, daß sie sogar Shakespearschen Szenen nicht nachstehen. Zum Beweis wird von der Sieben-Teufel-Szene im altdeutschen Faust-Spiel gesprochen. Sieben Teufel bieten dort nacheinander ihre immer schnellere Schnelligkeit an. Und dann, um zu zeigen, was in so einem alten Stück stecke und was sich ausfalten lasse aus ihm, kommt eine Szene aus dem Doktor Faustus von Lessing.
Es erscheint da, wie bekannt, ein siebenter Teufel, der alle sechs vorigen an Geschwindigkeit übertrifft, indem er behauptet, so schnell wie das Allerschnellste auf Erden, nämlich wie der Übergang vom Guten zum Bösen zu sein.
Merkwürdig, die Szene war immer berühmt, an Ruhm war kein Mangel. Aber wurde sie aufgenom-

men in ihrem Ernst, ihrer Schwärze? Täusche ich mich, wenn ich die Vermutung ausspreche, daß ihr Ruhm so groß war, daß eine Art Blendung entstand? Diese Szene: ihr Degen-Sausen konnte man hören, verwunden ließ man sich nicht. Man hatte auch alte Übung darin, in Ruhm auszuweichen und sich nicht verwunden zu lassen.
Dabei hätte man doch gewarnt sein müssen, diesem Teufelswort eine zu niedere Taxe zu geben. Es spricht ja ein siebenter Teufel, sechs andere gingen voran. Lessing, beim Schreiben den Nächsten bedenkend, äußerte nicht gern einen großen Gedanken, ohne ihn vorzubereiten; er gibt Stufen. Er weiß, daß guter Stil mit Nächstenliebe zu tun hat. So wird auch hier der Leser in Stufen auf die Höhe des Gedankens gebracht. Fünf Angebote sind schon vorübergegangen, der Doktor hat sie verachtet. Beim sechsten beginnt es. Von nun an gehts hoch her.
Des sechsten Teufels Angebot lautet, daß er so schnell sei wie die Rache des Rächers. Faust spannt. Wie? Die Rache des Rächers? welches Rächers? Wer rächt? und was rächt er? Wer ist dieser Rächer, wer kann gemeint sein?
Sobald klargestellt ist, mit Rächer, im Munde des Teufels, könne nur der oberste Rächer gemeint sein, erwidert der Doktor: So könne es mit der Teufel-Schnelle doch nicht allzuweit her sein, weil ja er, der Sünder Faustus, noch lebe. Den Einwand wollte der Sechste. Jetzt holt er zu einem Teufels-Wort aus und es lautet: »Daß er dich noch sündigen läßt, ist schon Rache.«

Was sagt er da? Unser Leben als Höllen-Strafe? als Rache? Leben als Strafe? Noch Schlimmeres als Strafe: als Rache? Haß? Rache? und Rache wofür dann? Hat man je einen fürchterlichen Verdacht gehört gegen das Leben? gegen den guten Gott, und somit überhaupt gegen das mögliche Gute? Gegen die Erziehung des Menschen durch sich selbst, durch den Menschen? Wäre dies nicht ein Grundverdacht gegen die Aufklärung? Ist dies nicht der lebensfeindlichste Satz, der jemals geschrieben wurde? Die schwärzesten Stunden, die Einer jemals in seinem Leben gehabt hat, hier sind sie zu einem Satz eingedickt; Zuversicht ausgegraben und jede Wurzel gekappt.

Also das wäre Lessing? Lessing, der Aufklärer? Ist Lessing brauchbar für die, die ihn in Pacht nehmen? Lessing habe das bloß so aus dialektischer Spielfreude, unverbindlich, gesagt? Florett, Sportfechten? Könnte sein. Aber wo finge dann Lessings Ernst an?

Doch kommt es, im Fortschritt der Szene, noch schwärzer. Denn jetzt tritt erst der Siebente auf, der angibt, noch schneller als die fünf ersten und als jener sechste Teufel zu sein. So schnell, sagt er, wie das Gute übergehe ins Böse.

Man hat es sich leicht gemacht. Man hat das moralisch verstanden, so als ob gemeint sei: wie leicht man ins Böse falle, wie schnell Jemand verführt sei. Aber so hat man dem starken Nacken eines starken Gedankens eine zu geringe Fracht aufgeladen. Die Verführbarkeit Adams? Das sollte das

Neueste sein aus der Hölle? Bedurfte es dieser Nachricht wegen sechser sich überbietender, und dann noch eines siebenten Teufels? Wie schnell Verführung geschieht, wir wußten es ohne den Aufwand. Wozu wäre der Preis dieser Szene dann sechsmal erhöht worden? Diese Fallhöhe, und dann ein so matter Gedanke? Sieben Teufel, um einer staubigen Moral willen?

Etwas viel Brennbareres steht da. Etwas, das anzeigt, daß Lessing wohl wußte, was er dem Teufel schuldig war, wenn er ihn reden ließ, einen siebenten. Daß das Gute ins Böse übergehe so schnell, so fließend, daß Keiner im Stand sei mit Gewißheit zu sagen, ob er sich noch im Guten oder schon im Bösen befinde: das ist die Wucht des Gedankens. Daß die Grenze nicht fest sei. Wo das Gute ende und das Böse anfange: daß dies schwankende Antworten habe, was doch einer einzigen, unbezweifelbaren, für alle Zeit gültigen Antwort bedürfte: das ists, was Fausten wie der Blitz trifft. Daß zu verschiedenen Zeiten, in verschiedenen Übereinkünften, in verschiedenen Gesellschaften das eine Mal gut sei, was das andere Mal böse ist: das muß den erschüttern, der, wie Faust, auf das Wissen gebaut hat.

Wenn der siebente Teufel recht hat, wenn der Übergang vom Guten zum Bösen, und dann auch vom Bösen zum Guten so rapid ist, so ist die Axt ans Gewissen gelegt. Dann ist das ein wurzelhafter Zweifel an der Gewißheit des Wissens. Denn Gewissen ist die Seele des Wissens. Dann ist der Übergang vom Irrtum zur Wahrheit auch so schnell wie der Teufel.

Wie aber kann Heil vom Wissen, also von der Wissenschaft kommen, wenn das Gewissen nicht einmal ausreicht, das Gute vom Bösen zu trennen? Denn das ist doch der Anfang, und das ist auch das Ende vom Wissen, das ist, was am meisten wissenswert wäre: Was ist gut? Was ist böse? Und da sagt der Teufel, der es doch wissen muß, daß der Übergang vom Guten zum Bösen so rapid sei, daß niemand ihn wahrnehme.
Aber Neuzeit hat doch ihr Heil auf das Wissen gesetzt; Wissenschaft ist, woran Neuzeit allein glaubt. Die Welt ist ihr heillos geworden; sie durch Wissenschaft heil zu machen: das ist der einzige ihr noch verbliebene Glaube, der allen anderen auffraß.
Zwar, der Doktor Faustus von Lessing, der bis dahin die Vorschläge der Teufel ungerührt aufnahm, ist nun wie vom Blitz getroffen. Wahr! Wahr! ruft er, »Ich habe es erfahren, wie schnell der Übergang ist! Ich habe es erfahren!«
Doch weder Lessings Faustus noch Goethes Faust, am Wissen zweifelnd, konnten aufhalten, daß Wissenschaft wuchs und wuchs, krebszellenartig, und weiter wächst, kein Zurück mehr. Erlösung durch Wissenschaft, das und nichts anderes ist Neuzeit. Die mangelhaft altväterische Schöpfung: durch Wissenschaft soll sie neugeschaffen, perfekt werden. Entweder man glaubt diesen Glauben und lebt in der Neuzeit, oder man weigert sich, dann ist man ihr Rebell und ihr Ketzer, dann gehört man ihrem Untergrund an. Dann ist man ihr Auswanderer.
Denn daß der Mensch gut sei, nur durch die Gesell-

schaft verbogen, die man verändern wird, das ist der Kernsatz der Neuzeit. Es ist bekannt genug, man weiß es. Wenn er nicht grundgut wäre, könnte man ihm so viel Vollmacht, wie ihm Wissenschaft zubringt, doch gar nicht wünschen. Wie könnte man sie sonst wünschen: des Menschen Selbst-Schöpfung?

Der großmächtige, der allgegenwärtige Böse, von ihm will Neuzeit nichts wissen. Daß Neuzeit verlernt hat, an den Bösen zu glauben, das beginnt gewiß nicht bei Lessing, man sah es. Es beginnt erst bei Goethes Mephisto. Mephisto, ein Teil von jener Kraft, die stets das Böse will und stets das Gute schafft? So ungefährlich der Teufel? so unschädlich? so gemütlich, so kollegial umgänglich? so anregend? so lustig?

Mephisto, Großmeister des selbstvergessenen Bösen. Das war Lessings Siebenter nicht. Der war ein Axthieb gegen die Wurzel der Selbstgewißheit des Menschen, gegen die Selbstbestimmung, gegen die Selbstschöpfung.

Ich könnte mir denken, daß Lessing, wenn er die Sieben Teufel-Szene heut schriebe, satt von der Erfahrung dieses aufgeklärten Jahrhunderts, die Szene angewandt auf die jetzt eingetretene Neuzeit –: daß er dem Siebenten eine noch schlimmere Antwort auftrüge. Daß nämlich der Teufel als seine schnellste Schnelligkeit priese, daß er vor unseren Augen verschwand.

XXI

Giovanni Battista Piranesi sah Roms antike Ruinen halb in die Erde gesunken, Tempelsäulen verbaut, Kapitelle verwuchert, Gewölbe, auf denen ein Feigenbaum wächst, weiß der Himmel, wovon er sich nährt, Trümmer von Kaiser-Palästen, Stadtmauern und Markthallen, von Efeu und Clematis verrankt, das Forum von Ziegen beweidet, das Colosseum von armen Familien bewohnt, die da nisten. Noch immer bewundern wir Piranesis Veduten, den geätzten Samt ihrer Schwärzen, Elegien des Vergangs und zugleich Versprechen: Wer nur wollte, der könnte hier schatzgraben.

Wie es vor zweihundert Jahren in Rom war, so ist es in Istanbul jetzt noch. In Istanbul, das durch tausend Jahre das andere Rom, zugleich auch, was uns mehr bedeuten kann, das Haupt des Griechisch-Römischen Reichs war.

Das Areal der versunkenen Kaiser-Paläste, also der Abhang unterhalb der Hagia Sophia zum Meer hin, ist auf einen halben Quadrat-Kilometer zu schätzen: ein archäologisches Feld, das so groß wie in Rom das Capitolium ist mit Santa Maria in Aracoeli, dazu das gesamte Forum Romanum, dazu die Kaiser-Foren, die Konstantins-Basilika, der Konstantins-Bogen, das Colosseum und der gesamte Palatin noch dazu. Und der Circus maximus, der zwischen dem Palatin und dem Aventin liegt und der dem Hippodromos in Konstantinopel entspricht.

In Istanbul ist noch zu wenig gegraben und auch

kein Piranesi ist da. Nicht einmal der Hippodromos, der doch von allen Reisenden aus aller Welt aufgesucht wird, ist ausgegraben; die alte Sohle liegt dreieinhalb Meter unter dem jetzigen Boden, und wenn man an seinem Ende, also der ehemaligen Kehre der Rennwagen, der halbkreisförmigen Schleuder, der Sphendone, auf welche sich eine türkische Gewerbe-Schule und eine Handels-Schule gesetzt hat, vorbei die Gasse meerwärts hinabgeht, kann man die riesigen Substruktionen erkennen, die auch eine Zisterne enthalten und, freigelegt, ein Monument wären, dem Colosseum vergleichbar.

Wir kennen die Namen aller Paläste, die sich auf diesem Hang drängten; die Jahrhunderte bauten immer noch einen neuen dazu: die Chalke, die Daphne, das Chrysoklinion, die Magnaura, der Porphyr-Palast, der Buko-Leon am Meer drunten und die Palast-Kirchen, Hagios Stefanos, Hagios Demetrios und die Nea, dazu die Kasernen der Garden und was noch. Aber wo genau alles das stand, könnten nur große Ausgrabungen zu Tag bringen. Wir wissen auch, daß der Hippodromos ein Freilicht-Museum antiker Kunst war und wir lesen, daß der sogenannte Zeuxippos angefüllt war mit den berühmtesten antiken Bildwerken, welche die Hauptstadt sich überall her aus dem Land kommen ließ, zum eigenen höheren Glanze.

Die Stadt nahm das alles in ihren Untergang mit sich.

Auf dem Hang stehend, der zum einen Teil kläglich bebaut, zum andern Teil leer und als militärisches Gelände versperrt ist, kann man sich die alte Pracht ausmalen. Es gibt da den Bericht eines Gesandten, des Bischofs Liutprant; er ist oft zitiert worden. Liutprant, der zweimal in der griechischen Hauptstadt war, auch um für den sächsischen Kaisersohn, den nachmaligen Kaiser Otto II., um die griechische Kaiser-Nichte Theophano zu werben, hatte stark zu klagen über griechischen Hochmut. Er war gar nicht gut auf die Hauptstadt zu sprechen; gleichwohl, die Kaiserpracht rühmt er. Er schildert eine Audienz in der Magnaura, einem Palast, der für den Empfang von Gesandten halbbarbarischer Völker wie dieser irgendwo in Wäldern und Sümpfen hausenden Sachsen, bestimmt war. Vor dem Kaiser-Thron, schreibt er nach Hause, sei eine Platane aus getriebenem Kupfer, vergoldet, mitten im Raume gestanden; in den Zweigen habe eine Vogelschar, goldgetrieben, ihre Lieder gesungen, jeder Vogel so zwitschernd wie es eben der Gesang seiner Art sei. Am Thron seien zwei riesige Löwen gelegen, ob aus Holz geschnitzt und vergoldet oder aus Kupfer getrieben und feuervergoldet, könne er nicht genau sagen. Jedenfalls, sie seien von furchterregender Größe gewesen, hätten die Rachen geöffnet, mit ihren Schweifen den Boden geschlagen und ein Gebrüll ausgestoßen. Ihn, Liutprant, hätten solche Zauberkunststücke ja nicht aus der Fassung gebracht, denn er habe zuvor schon flüstern hören davon. Nur darauf sei er nicht vorbereitet gewesen: Während er, dem Zeremoniell gemäß, mit seiner Stirn dreimal habe den Boden berühren müssen und danach wieder aufgeblickt habe, habe er den Kaiser-Thron und den Kaiser im matten Raumlicht hoch droben am Gebälk suchen müssen; wie das aber möglich gewesen sei, könne er sich selbst nicht erklären, es sei denn durch eine Maschine, die dem Kelterbaum ähnlich sei. Er denkt an die Spindel.

WENIG INTERESSE BEI TÜRKEN

Man mag, wenn man sich diese Palast-Stadt und ihren Goldglanz ausmalen will, an den Kreml denken, da ja die Palast-Stadt des Dritten Rom die Palast-Stadt am Bosporos nachahmt. Anders aber als die Erben der Zaren zeigen die Türken unserer Tage wenig Interesse an der griechischen Vorzeit. Kaum verständlich, da Eroberer meist anders denken; wenn sie das Vorige ehren und pflegen, erhöhen sie nur ihren Sieg. Nur die vulgären Hasser denken da anders, reißen das Meisterwerk des Andreas Schlüter, das Berliner Schloß ab, stellen sich so unter die Türken. Denn so gesonnen war Mechmed, der Eroberer, den zu preisen wir sonst keinen Grund haben, nicht. Als er am späten Nachmittag des neunundzwanzigsten Mai 1453, höchster Feiertag der Türken noch immer, in die gefallene Stadt einritt, langsam, durch die Haupt-Straße, die Mese, auf die Kirche der Heiligen Weisheit zu, stieg er, dort angekommen, vom Pferd, bückte sich, nahm eine Handvoll Erde, streute sie, eine Demut-Gebärde, über den

Turban. Betrat alsdann die Kirche, schwieg. Da sich ein Soldat, plündernd, mit der Axt zu schaffen machte, der Chronist Dukas, also ein Grieche, erzählt das, schritt der Sultan auf ihn zu, fragte, warum er das tue. Der Türke hatte die Antwort zur Hand, die nie falsch sein konnte: »Um der Rechtgläubigkeit willen« sprach er. Doch der Sultan schlug mit dem Säbel nach ihm, vertrieb ihn. Dann, verängstigte Griechen bemerkend, die in den dunklen Höhlen des Doms Zuflucht suchten, versicherte er sie der Schonung. Trat alsdann vor den Altar, betete. Somit war die Kirche der Heiligen Weisheit Gotteshaus Allachs, der ohnehin derselbe Gott Abrahams, Isaaks und Jakobs war und der Profeten.

SOGENANNTES MOSAIKEN-MUSEUM

Erst als die deutschen Soldaten im ersten Krieg dieses Jahrhunderts am Bosporos standen, als Bündnis zwischen Deutschen und Türken war und deutsche Archäologen auf dem Qui vive waren, Theodor Wiegand, Karl Wulzinger, Uvo Hölscher, junger Soldat dieser, aber Krieg oder Nichtkrieg, Archäologie ging vor, gelang am Palasthang Versuchsgrabung. Damals hatte einer der vielen Flächenbrände, eine Liebhaberei des Stadtgotts von jeher, die zwei Stadtviertel niedergelegt, von deren Holzhäusern das Palast-Viertel überbaut war. Die Archäologen nahmen die Gelegenheit wahr, im Juni 18 begann man, im No-

vember war Krieg, Bündnis und Grabung zu Ende, die Deutschen mußten nach Haus. Der Schweizer Ernst Mambury, in Konstantinopel ansässig, behielt die Sache im Auge. Das Ergebnis war ein schwerer Band mit vielen, jetzt altertümlichen Fotos, Rekonstruktions-Versuchen und Plänen. Man gewinnt die Überzeugung, daß eine große Grabung des gesamten Felds noch Vieles ans Licht brächte.
Wohl haben später, in den dreißiger und dann noch einmal in den fünfziger Jahren Amerikaner auf begrenztem Feld graben dürfen; aber was ist da auch zu Tag gekommen. Das Mosaiken-Museum, wie man diese Grabung jetzt nennt, es ist aber kein Museum, da man unter Museum eine Sammlung von Stücken versteht, die eben gerade nicht mehr am gewachsenen Platz sind wie dies hier –: das sogenannte Mosaiken-Museum ist einer der wenigen Plätze in Istanbul, wo der Gast nicht bloß besichtigen, vielmehr verweilen kann und betrachten. Nicht bloß Informationen einsammeln und Daten speichern, die doch nur ein Teil von dem sind, was solche Plätze zu schenken im Stand sind, nur ein Bruchteil ihres Vermögens. Das Glück, welches Ruinen besitzen, besteht ja nicht bloß in Ergebnissen für die Forschung, nicht bloß in Aufschlüssen. Wir empfinden Befriedigung, wenn wir sehen, wie Großtaten der Menschen wieder zurückfallen. Wir wußten es ja, daß ein nächstes Geschlecht mit Lust zu Grund richtet, was ein voriges mit Mühen gebaut hat; das bestätigt, was wir im Lauf eines Lebens erfuhren. Eben das war unser Verdacht.

Ausgrabung, Ruinen: da hat das Menschen-Gemache geendet. Flug-Hafer, Salbei und Mohn, Verbascum, Artemisia und Ginster haben alles wieder vereinnahmt; Eidechsen haben den Eindruck, als habe man das alles eigens für sie in die Wege geleitet, denn so brüchiges altes Gemäuer behagt ihnen. Das Ausgegrabene verwächst wieder. Das Glück, überstanden zu haben, das wir auch von Friedhöfen kennen, hier blüht es. Das Zeitliche segnen: die einst so erfüllte, dann heruntergekommene, selbst zur Ruine gewordene Wendung, hier blüht ihre alte Pracht wieder.

DURCHSCHEIN

Die Boden-Mosaiken, die dort in großer Zahl und Schönheit an den Tag kamen, fünftes oder sechstes Jahrhundert, sind antiker Ausklang und Nachklang, vergnügt, mit sich zufrieden, hirtenmäßig, wie es noch den Weimarern recht war, uns nicht mehr: Mythen geplaudert, nicht mehr schrecklich, eher ovidisch. In diesen Mosaiken ist noch nicht entdeckt, was um dieselbe Zeit und später aufging und die große Sache des Mosaiks war. Die Entdeckung nämlich, man könne mit diesen bunten Steinchen, Glasflüssen, deren jedes einzelne fast ohne Wert war, den Durchblick gewinnen, den Schimmer. Sodaß mit ihrer Hilfe das Bild jetzt ein Fenster war: ein Fenster, das selber weniger und fast nichts sein will, nur Durchschein. Das Bild, das es mit dem Johannes, dem Vor-

boten hält: mit dem Finger auf den Größeren weisen.
So war im Mosaik mit einem Mal wieder da, was in der großen griechischen Kunst das Bild war. Byzanz, wie wir aus unerfindlichen Gründen das griechische Mittelalter benennen, bewies somit, daß es wirklich noch das große und alte Griechenland war. Wenn es der Welt weiter nichts als dies geschenkt hätte, es wäre Grund genug, sich zu beugen.
Denn es kam dahin, daß wir, was dahinter zurückbleibt, gar nicht mehr ein Bild nennen mögen.
Das alte Konstantinopel muß angefüllt gewesen sein mit Mosaiken. Wir sehen nur Reste. Auch in der Chora-Kirche haben wir bloß noch die Mosaiken im Endo-Narthex und Exo-Narthex, also den beiden Vorhallen; die Mosaiken, mit denen das Kirchenrund selber gefüllt war, zu denen die Narthex-Mosaiken also nur das Vorspiel waren, sind nicht mehr.
Es ist ja auch eher ein Wunder, daß nach dem Bilderkrieg mit seinen haßerfüllten Zerstörungen, nach den Verwüstungen und Diebstählen der späteren Kreuzzüge und nach der panischen Angst, die den Islam vor dem Bild schüttelt, überhaupt noch was da ist.

DIE KLEINE HAGIA SOPHIA

Wenn man vom sogenannten Mosaiken-Museum meerwärts hinab und ein paar Minuten am Ufer entlang geht, gelangt man zu einer Moschee, die den zärtlichen Namen Kütschük Aja Sofja, die Kleine Hagia Sophia, trägt. Zu Recht trägt, denn es ist eine sehr alte griechische Kirche, die den zwei Heiligen Sergios und Bakchos geweiht war, die man in den Mosaiken von Thessaloniki als attische Jünglinge sehen kann.

Es ist ein justianisches Frühwerk, noch vor den großen Würfen des Zeitalters, also noch vor der Hagia Sophia, der Hagia Eirene und den Hagioi Apostoloi; eine geniale und folgenreiche Architektur-Skizze.

Aber wie müde macht ein Besuch. Was mit den Gnaden des Frühen bedacht ist, ist zur Vorstadt-Moschee heruntergekommen; was knospenhaft anmuten könnte, wirkt staubig und unfrisch. Eine wohnstubenhafte Ausstattung, Übertünchung, Überputzung, die alles Kantige weichmacht, ein lächerliches Dekor, das die klare Form schändet, Spitzendeckchen von Tante Emilie auf einem Tisch David Roentgens. Alles fleht um Freilegung. Der Boden müßte auf die alte Höhe gesenkt werden, die Basen der Säulen zum Vorschein kommen, das Dekor müßte weg, es müßte die frühe Kühle erscheinen. Es ist nicht einmal auszuschließen, es wird angenommen und von Anderen bestritten, daß Mosaiken überstanden hätten unter Putz und Tünche. Die Kleine Hagia Sophia ist ja die ältere, hauptstädtische Schwester von San Vitale in Ravenna.

KLOSTER-KIRCHE ZUM UNBEGREIFLICHEN GOTT

Die Kloster-Kirche zum Unbegreiflichen Gott, welch ein Name, ist in diesen Jahren in ihrer alten Gestalt wiederhergestellt worden. Alte Fotos der Kalender Hane Moschee, in welche die Kirche verwandelt war, zeigen an, daß das jetzt Herausgeschälte mit dem vorigen Verbauten kaum noch Ähnlichkeit hat. Nun steht diese byzantinische Kirche wunderbar frisch da, schön wie andere wiederhergestellte byzantinische Kirchen der Hauptstadt, die einzeln aufzusuchen eine Menge Zeit kostet; man sucht hügelauf hügelab durch wenig erfreuliche Gassen, fragt viel. Aber dann stehen sie mit einem Mal da im Braunrot ihrer Ziegel, mit ihren Querbändern aus Bruchstein, mit der Berge-Macht ihrer Höhlen, mit ihren quellenhaft blasigen Kuppeln. Ihre Fähigkeit, geliebt zu werden, ist groß.

Die Kirche zum Unbegreiflichen Gott lehnt sich an die letzten Bogen des großen Aquädukts an, der nach dem Kaiser Valens benannt wird. Man erblickt sie von Weitem über Straßenzug und Platz hinweg, wenn man von der Prinzen-Moschee her stadteinwärts kommt, diesem schönen Frühwerk des Baumeisters Sinan, dessen Genie Viele mit dem Genie seiner Zeitgenossen Bramante und Michelangelo vergleichen und der, weil Sinan nur soviel wie Nicht-Moslem heißt, wohl ein Janitschar war, ein gestohlener Knabe also, Untertan des ehemals byzantinischen Reichs, also Grieche.

Ich betrat die Kirche während der Restaurierung und Grabung. Eine türkische Studentin war mit dem Ordnen von Scherben beschäftigt, die sich im Boden gefunden hatten; sie mied einen Blick auf den Fremden.

Freilich, die wiederhergestellte Kirche des Klosters zum Unbegreiflichen Gott zeigt ebenso wie das geheimnisvolle Myrelaion, die uralte Doppel-Kirche des Nonnen-Klosters zum Heiligen Myrrhen-Öl, Ober- und Unter-Kirche, oder wie die Ruine der Hagia Eirene oder wie die berühmte Kirche des Klosters tis Choras, oder wie die Kapelle der Kirche der Allerseligsten Gottesmutter Pammakaristos, oder wie die Kirche des Klosters, das der Admiral Konstantinos Lips im zehnten Jahrhundert gestiftet hat –: alle diese rühmenswerten Wiederherstellungen melden auch ihre eigene Vergeblichkeit an. Denn anders als die gleich alten römischen Kirchen, Santa Maria in Cosmedin oder Santa Prassede oder San Giorgio in Velabro, Jeder hat da unter hundert seine Lieblinge, sind die byzantinischen Kirchen in Istanbul, wenn sie nicht mehr Moscheen sind, tot, Architektur-Skelette, ohne Weihrauch, ohne Liturgie, ohne Dienst, ohne Beter: Ruinen inmitten der Großstadt, der sie im Weg stehen.

Solang man in der Kleinen Hagia Sophia steht, hat man keinerlei Zweifel: Hier muß wiederhergestellt werden; das köstliche Frühwerk muß frei werden. Ist man aber dann in so einer gereinigten byzantinischen Kirche, ist man nicht mehr so sicher, ob es der richtige Weg war. Diese Ruinen werden ja nicht einmal mehr besichtigt, sogar das nicht; die lärmige, wuselnde Großstadt läßt ihnen nicht einmal das, was Ruinen sonst haben: ihre Ruhe, ihr Nachdenken.

Ich verwahre ein altes Aquatinta-Blatt, das die Akropolis von Athen zeigt, Parthenon, Propyläen und das Grab des Erechtheus, alles viel verfallener als man es jetzt sieht, und der ganze Fels überbaut, Kasernen, wie ich annehme, türkische Wach-Häuser, Offiziers-Häuser, denn die Akropolis von Athen war ja zur Türkenzeit, was sie immer war, Festung, und der Parthenon, Tempel der Jungfrau Athene war, als diese verstorben war, ganz folgerecht eine Kirche der Jungfrau Maria geworden; so blieb der Tempel auch wohlversorgt, vom Kult durchweht, ausgestattet mit goldenen Geräten und heiligen Bildern, da er Kathedrale eines Erzbischofs war, und abermals in der Folge eine Moschee, man sieht auf meinem Aquatinta-Blatt das Minareh noch. Ich kann es, wenn es mir alle paar Jahre einmal wieder zur Hand kommt, jedes Mal lange Zeit anschaun. Ohne daß ich den Zustand gerade zurückwünsche, muß ich mir doch sagen: Es ist ein Hauch, ein Leben darin, das jetzt, wo es ein besichtigtes Heiligtum der Archäologie ist, nicht mehr darinnen ist.

Wiederherstellung, Wiederherstellung. Wer möchte ihr Ur-Recht bezweifeln. Die Grund-Berufe, der Arzt, der Richter, der Priester: Wiederhersteller. Wiederhersteller der verletzten Gesundheit, des verletzten Rechts und auch die Absolution ist nur ein anderes Wort für Wiederherstellung. Der nächtli-

che Schlaf: Wiederherstellung. Sogar die gesäuberte Wohnung, der gejätete Garten, das frisch bezogene Bett, die gewaschene Wäsche: Wir leben, unter anderem, auf Wiederherstellung.
Und doch empfiehlt es sich, einzusehen: Jede Wiederherstellung ein Halbgelingen. Wiederhergestellt, das schaut dich an wie dein Hund, der, ausgerissen, zu lange im Wald war, zurückfiel in Wolfs-Art. Er ist ein Anderer geworden.

XXII

DIE TÜRKENBRESCHE

Die Bresche, durch welche die Türken im Jahre des Unheils 1453 in die Stadt drangen, ist noch zu sehen. Die Bresche: das sind ein paar hundert Meter Verwüstung, eine Steinwunde.

Daß hier die bedrohteste Stelle der Stadt war, wußte man vorher. Denn hier steigt das Gelände leicht an, das Vorfeld liegt höher als der Stadtboden. Dort mußte jeder Belagerer seine Geschütze aufstellen; auch Mechmed. Er tat es. Wie hätte er den natürlichen Vorteil nicht nutzen sollen, der junge Türkenfürst, der Alexander den Großen nachahmte. Drei Tage lang, vor Beginn der Belagerung, umritt er die Stadt, wollte sich nicht auf Späher und Überläufer verlassen, alles selbst sehen. Zwanzigjährig, erst seit zwei Jahren Sultan, war er besessen von dem Gedanken, die goldene Hauptstadt zu essen und sich somit Adel und Herkunft zu geben, was immer die Sehnsucht der Neulinge ist; das war er und sein Volk doch. Nächte lang ging er im Zelt auf und ab, zeichnete den Verlauf der Großen Stadt-Mauer, um sie auswendig zu wissen, erwog, verwarf, war von Ingenieuren umgeben, skizzierte alle Möglichkeiten des Angriffs.

Er hatte sich glänzend gerüstet. Als in den ersten April-Tagen, bei noch empfindlicher Kälte, die große Belagerung begann, konnte er eine nie gesehene Menge von Geschützen aufstellen, unter ihnen die berühmte Mammut-Kanone, welche Kugeln aus schwarzem Schiefer von kolossalem Gewicht schleudern konnte; man konnte lange Zeit einige davon noch beim Stadt-Tor des Heiligen Romanos, dem Top Kapu sehen.

Alle Chronisten sprechen von dieser Kanone. Wie denn überhaupt bemerkt werden muß, daß der Untergang Konstantinopels die Welt hinterdrein so entsetzte, daß wir viele und genaue Berichte besitzen, von Griechen, Venezianern, Genuesen und Türken, Kardinälen und Bischöfen, die Alle dabei waren, und von Geschichtschreibern. Die Ereignisse sind Tag für Tag und zuweilen Stunde für Stunde beschrieben.

Die große Kanone, welche Legende angesetzt hat, hatte ein Siebenbürger, ein Christ also, für den jungen Sultan gegossen. Sein Name war Urban. Er war Waffenmeister und Stückgießer, Ingenieur eben. Vordem stand er in kaiserlich griechischem Dienst. Ein Geschichtschreiber meint, daß ohne sein Genie die Eroberung der Hauptstadt nicht geglückt wäre. Das kann übertrieben sein und auch wiederum nicht übertrieben; diese Eroberung, die Weltgeschichte gemacht hat, war eine Ingenieur-Leistung. Mechmeds Triumph ergab sich aus zweierlei Kräften, die uns gut bekannt sind, beide geradezu ungriechisch: wimmelnde, aufgestandene Volksmassen, die man ideologisiert, also aufgehetzt hatte, und dann, in großer Menschenverachtung, massenhaft in den Tod trieb; ihre Leichen füllten die Stadtgräben, das war praktisch, so waren sie ausgefüllt, man konnte darüber hinstürmen –, und dazu, die Verbindung war

damals neu: Hochrüstung. Die Neuzeit kam mit den Türken.
So steht denn die Riesenkanone des Urban, das Wunder des Orients und Europas, für die vielen anderen Geschütze, die Mechmed vor der armen Stadt auffuhr. Der Chronist Sphrantzes, ein Grieche, sagt, es seien vierzehn Batterien mit je vier Geschützen gewesen; der Venezianer Barbaro, ebenfalls Augenzeuge, nennt neun Batterien. Gleichviel. Man muß dazusagen, daß Artillerie mit Pulvergeschützen damals noch neu war, sodaß ein anderer Chronist, Kritobulos, noch nicht einmal einen Namen für Geschütz, Zeug, Kanone hat; er muß Petrobolos sagen: eine Maschine, die Stein schmeißt.
Der Siebenbürger Urban stand eines Tags vor dem Sultan und bot seinen Dienst an. Er war kein gewöhnlicher Überläufer. Er kannte die technischen Daten der Hauptstadt, der Festung, der Verteidigung so genau wie kein Anderer.
Der junge Sultan begriff. Er fragte den Giaur, ob er ein Zeug gießen könne, das mächtig genug sei, um die stärkste Mauer, welche die Welt kenne, die Mauer von Konstantinopel, zu brechen. Urban: Freilich. Denn eben das wolle er ja ausprobieren; deswegen war er gekommen. Das eben wolle er selbst sehen.
So übertrieb er, fiel in verdächtiges Pathos, verschwor sich, die Mauer zu brechen, und wenn sie so stark wie die Mauer von Babylon sei. Wenn man ihm nur die Mittel gebe, die Mittel.
Mechmed hatte sie und gab sie. Und wie weit der

Christ werde schießen können? Das, mußte Urban zugeben, könne man so genau im Voraus nicht sagen, das müsse er selbst sehen. Denn das Experiment zog ihn und riß ihn.

Nun hatte der junge Türkenfürst, in seiner Gier, des Kaisers Konstantinos tausendjährige Stadt zu besitzen, soeben stark gezogen. Konstantinopel war damals im Osmanenreich nur noch eine Art Insel, ringsum fast alles schon türkisch. In Adrianopel residierte schon seit fast hundert Jahren der Sultan. Aber der Bosporos war noch offen. Er war für Griechenland ja immer eine Aorta gewesen, schon seit den Argonauten und Troja. An den Bosporos nun hatte Mechmed, sorgsam vorbereitet und überfallartig vollzogen, eine Festung gesetzt, die ihn sperrte.

Die berühmte, eher liebliche, waldige, hügelbestandene Meerenge, die im allgemeinen um tausend Meter breit ist, verengt sich an einer Stelle auf sechshundert Meter; dort war schon der Perserkönig Darius nach Europa herübergekommen. An diesen Punkt hatte Mechmed in wenigen Wochen, kaum glaublich, eine Riesenfestung gesetzt, sie steht noch, Jedermann kann sie sehen; die Türken unserer Tage haben sie sauber geputzt, für sie ist sie ein Tannenberg-Denkmal unter dem freien Himmel der Landschaft. Sie ist ihr Stolz, noch immer. Sie heißt jetzt Rumeli Hissar, aber die Konstantinopler nannten sie Laimokopeion, das bedeutet: Hand-an-der-Gurgel.

Damit man nun sehe, was daran sei an den Großreden des Urban, sollte der Siebenbürger ein Zeug gießen, das die Meerenge sperre. Auf der Wasserfläche werde man gut feststellen können, wie weit das Ding feuere.

Der Meister goß in drei Monaten eine Kanone. Die Meerengen-Festung hat drei dicke Türme, zwei oben an der Bergseite, der dritte unten am Wasser. Dort stellte man das Geschütz auf. Die ersten Schiffe, die kommen würden, sollten dran glauben müssen; so wollte man den Terror eröffnen.

Es kamen drei Venezianer-Schiffe, Korn für die Hauptstadt. Urban feuerte, das eine Schiff sank. Bevor man noch einmal feuern konnte, entkamen die anderen. Die Besatzung des gesunkenen Schiffs wurde gefangen genommen, der Kapitän auf den Pfahl gespießt, die Matrosen, immerhin, nur geköpft. Denn Kanonen sind gut, Angst aber billiger und besser.

Mechmed war entzückt. Auf ein Experiment muß das nächste folgen, immer; das nennt man Fortschritt. Nun sollte der Siebenbürger ein Super- und Mammut-Ding machen gegen die Große Mauer der Hauptstadt.

Das Monstrum wurde in Adrianopolis gegossen. Als es fertig war, wurde ein Probeschuß abgefeuert, und so unerhört war der Knall, den man erwartete, daß man das Volk vorher warnte; besonders, so hieß es, sollte in die Schwangeren nicht der Schreck fahren.

Der Transport des Ungetüms über Land, die zweihundertfünfzig Kilometer von Adrianopolis bis vor die griechische Hauptstadt, nahm einen Monat in Anspruch. Die Einen überliefern, es seien achtzig, die Anderen, es seien hundertfünfzig Paar Ochsen

nötig gewesen, um das Ding fortzuzerren. Zweihundert Mann mußten immer neben der Kanone marschieren und stützen, damit sie nicht kippe. Andere Hundertschaften mußten im Voraus die Trasse schürfen, Bäume fällen, Felsen wegwälzen. Es werden auch fünfzig Zimmerleute erwähnt; es waren Brükken über Bäche und Gräben zu machen.
Vor der Hauptstadt ging das Walroß in Stellung. Am 2. April 1453 begann es, gegen die Mauer zu spucken. Sieben Male am Tag feuerte die Riesenkanone; es dauerte immer zwei Stunden, bis man sie wieder tüchtig gemacht hatte; man hielt es nämlich für richtig, sie nach jedem Schuß mit nassen wollenen Decken zu kühlen und Öl einzugießen. Nach jedem Schuß rannten Späher bis dicht an den Graben vor, um zu erkunden, was der Schuß gemacht habe. Dann schossen die Griechen, die sich zuvor ins Sichere gebracht hatten und nun wieder hervorkamen, von den Zinnen ihre altmodischen Pfeile.
Wir wissen so genau nicht, welchen Anteil die große Kanone des Urban am Fall der Stadt hatte, da ja außer ihr noch viele kleinere Kanonen da waren, und dann gab es auch noch die vielen Belagerungsmaschinen alter Art, Katapulte, deren Wirkung man zu unterschätzen geneigt ist; es waren aber gewaltige Brocken, die sie schleudern konnten; auch davon kann man heute noch welche unter den Mauertrümmern auffinden. Dennoch: die Riesenkanone steht stellvertretend für alle. Die Riesenkanone, das war die Hochrüstung, die Zukunft. Das ist es, weshalb sie Mythos gemacht hat. Wo sie feuerte, ist die

große Bresche entstanden, durch die der Feind in die Stadt drang. Es war am 29. Mai 1453, daß die alte Kaiserstadt starb, die man die gottbehütete nannte, unter Qualen, und mit ihr das griechische Reich auch.
Den Triumph freilich erlebte die große Kanone nicht mehr. Eines Tages zersprang sie, explodierte, erschlug ihren Hexenmeister und Andere, die herumstanden. Das ist so die Lebensart dieser Dinger.

Nehmen wir ihn nicht zu wichtig, diesen siebenbürgischen Waffenmeister und Stückgießer, Ingenieur und Frühforscher. Nehmen wir ihn auch nicht zu unwichtig, denn er steht für Viele, die nach ihm kamen, könnte auch Doktor Faustus heißen, gestorben zu Staufen am Schwarzwald durch explodierende Kolben beim Goldkochen.
Er war nur ein Frühfall. Dieser Urban war nur ein Vertreter der Sache, die zu seiner Zeit anfing, dann brennend wurde, dann lichterloh brannte und nunmehr Weltenbrand ist. Ein Frühfall der Wissenschaft von der Welt-Ausrechnung und Welt-Überlistung, der einzigen Großmacht der Neuzeit.
Er war einer der Ersten, die Macht *herstellten.* War Macht vordem hergestellt worden? Angeboren, ja. Errungen, freilich. Angeeignet, ergriffen, erschlichen, ausgeübt: schon. Das alles von jeher. Und oft gestohlen. Und mißbraucht: lieber Himmel, fast immer. Aber hergestellt? Das war neu.

Da zog also Einer Macht ab vom Kaiser, der vordem der Mächtige war. Zog Macht ab von der Hauptstadt, die tausend Jahre lang machtvoll gewesen war. Nahm die Macht an sich, steckte sie in die Tasche, trug sie zum Türken, gab sie dort ab, ohne sie für sich zu gebrauchen, machte Weltgeschichte. Und so Viele nach ihm.

Warum tat ers? Unnütze Frage, da er ja nur ein Beliebiger war, kein Mächtiger, nur ein Hersteller. Fand er mehr Geld beim Türken? Besseres Leben? Möglich, nicht eben wahrscheinlich; gesetzt, es wäre so dumm zugegangen, es wäre so doch nur vordergründig verstanden. War er im Zorn gegangen? Hatte er sich überworfen mit denen, in deren Dienst er zuvor stand? Kann auch sein; Weltgeschichte kennt keinerlei Scham vor Banalitäten, die sie vor sich hinhält, um ihren Gang uneinsichtig zu machen; so haben die Liebhaber von Banalitäten ihr Futter, so haben sie auch was. Oder war es der Ruhm? Der war doch nicht zu holen beim Türken; Ruhm ist Widerhall; war Hall anderswo zu erhoffen als im glänzenden alten Europa? Oder war dieser Siebenbürger so maßlos gespannt auf den Fortgang der Sache, die nun einmal die seinige war, die Ballistik? die Physik, die neue Leidenschaft, die aufkam? Schon wahrscheinlicher. War er so voller wissenschaftlicher Neugier, daß es ihm gleich war, wer sie ihm stillte? Macht Wissenschaft so unweise? War es ihm unwichtig, wer die Macht, die er herstellte, an sich nahm? Sieht so aus. Da wäre er der Erste, aber nicht der Letzte gewesen, der gesagt hätte: Das zu bedenken, sei seine Sache nicht mehr, das sei jenseits der Haftung. Schob sich der Fortschritt seiner Versuche so vor ihn, daß er nur noch berechnen mochte, denken nicht mehr? Sicher, kennen wir. Und ob wir das kennen. Denn mit ihm, diesem Urban, trat ein Typos auf. Er war nur der Vorrenner. Nach ihm kamen Viele, ein Heerzug, die sich Idealisten nannten, auch glaubten, Idealisten zu sein, es auch waren. Diener der Wissenschaft, einer großen und heiligen Sache; sie durfte viel Opfer verlangen. Sie verlangte sie, und man brachte sie, ohne zu denken. Auch an sich selber dachten sie nicht, eher Selbstquäler, Arbeiter.

Und so hitzig stritt und streitet man über die Frage, wem die Macht, die nun hergestellt wurde, mit größerem Recht und zu größerem Nutzen zukomme: Dem Kaiser? Dem Türken? Den Geldfürsten, den Kapitalisten? Oder den Büro-Fürsten, Inhabern der Sozialmacht? Und bei welchen gesellschaftlichen Zuständen sie besser aufgehoben sein könnte, da gewiß ist, daß sie abscheulich aufgehoben war bei Allen, die sie bisher gehabt hatten? Also war sie gut aufgehoben bei Irgendwem, der noch nicht da war? Der da kommen soll, vorerst leider noch nicht kam? Der immer nur Irgendwen schickte, der falsch war? Von dem sich dann jedes Mal herausstellte, daß auch er fürchterlich war? Der alsbald besessen war von der Macht, die man in unabsehbaren Mengen für ihn herstellte?

Angstfragen. Und so viel wurde deswegen gehaßt und gestritten, daß man nicht dazu kam, zu fragen:

Woher war es eigentlich, daß man die Macht, die man herstellte, wegnahm? Von wo war es, daß die Hersteller, die nun auftraten, aus der Welt eine andere Welt machten: von wo war es, daß sie Macht wegnahmen? Da sie so ungeheuere Macht in die Hände nahmen: wo fehlte sie alsdann? Wo war sie vorher? Wenn ein so gründlicher Umzug der Macht stattfand, wo wohnte sie vorher? Woher war Auszug und Abzug? Wo jetzt Leere? Wo Ohnmacht? Wie war es möglich, daß geglaubt wurde, es könne so ungeheuerliche Macht aufgegriffen und angewandt werden, und daß sie dann nirgendwo fehle? Hatte man wirklich die Einfalt zu meinen, daß die Macht, die man herstellte, ex nihilo hergehext werden könne? Denn wenn Macht, die nun hergestellt wurde, nirgend anderswo fehlte, so mußte sie gehext sein. War so viel Glaube an Zauberei, so viel Einfalt, so viel Aberglaube, so viel Unwissen möglich, mitten in so aufgeklärter, listiger Neuzeit?
Allmählich kommt es zum Vorschein: *Aus den Dingen* wurde die Macht gerissen, *aus den Dingen*, woher sonst denn. *Welt* war es, die bestohlen wurde; sie bestahl *sich. Die Dinge* sinds, die hergaben, zahlten und die nun hinschwinden, sterben. Die überlisteten, unterdrückten, ausgebeuteten Dinge, die überanstrengten, erpreßten. Brutale bedenkenlose Gewaltherrschaft über die Dinge: hatte man wirklich gedacht, man könne ihnen das kostenlos antun?
Eine Stadt. Der Fluß und die Sterne. Und die erstaunende Nacht. Und der Morgen, der so war, wie

vor diesem Morgen noch keiner war. Wie mächtig war alles. Es sind ja noch die Gedichte da, die bezeugen, wie mächtig das war, und die Bilder bezeugen es; viele Zeugen, die nicht gehört werden. Alle bezeugen die Macht, die *in den Dingen* war. In den Bibliotheken liegt es ja, in den Museen spricht es, Urkunden, deren Gültigkeit ablief. Zeugnisse, wie abgelaufene Schulzeugnisse, von denen jetzt nichts mehr abhängt. Alte Geldscheine, die mit ihren fantastischen Ziffern die Sammler begeistern; Gültigkeit haben sie nicht mehr.

So die Gedichte, die den Seminar-Tod starben; die Gräber werden noch um eines Examens willen besucht, und auf den Grabsteinen liest man: Einst mächtig, jetzt ohnmächtig.

XXIII

EINE IKONE GEHT HINÜBER

Während der schrecklichen Stunden des 29. Mai 1453, als die Janitscharen schon durch die große Bresche eindrangen und die Todes-Stunde der Stadt schlug, geschah auch an einer anderen Stelle der Mauer ein Unglück. Der Chronist Dukas, der überlebte und später in genuesischem Dienst war, erzählt es; er ist übrigens ein Geschichtschreiber von Rang, zuverlässig, begabt zu dramatischer Darstellung.

Beim Palast des Purpurgeborenen, dort wo die große Mauer den Knick macht, war eine Mauerpforte. Sie war nach einem Ausfall unverschlossen geblieben; solche Versäumnisse sind schwer zu begreifen, wenn man sie hinterdrein hört, aber dergleichen geschieht halt. Die Türken bemerkten es, und während der mörderische Kampf an der großen Bresche schon seinem Ende zuging, drang eine Schar von fünfzig Soldaten auch hier in die Stadt ein. In der Gier zu plündern liefen sie zu der nächstgelegenen Kirche. Das war die berühmte Moni tis Choras, das Kloster Weitdraußen.

Das Kloster barg damals die allerheiligste, allerälteste, allerverehrteste Muttergottes-Ikone, die Hodigitria, Wegführerin, wie sie in Anspielung auf den hundert und drei und vierzigsten Psalm hieß, auf die Zeile: Tue mir kund den Weg, darauf ich gehen soll. Maria, die das Kind auf dem Arm hält. Es war das Palladion der Hauptstadt.

Man kennt das verlorene Urbild aus vielen Nachbildern. Der Evangelist Lukas sollte es selber gemalt haben, und wenn das auch Legende ist, so meinen die Historiker doch, daß es dem vierten oder fünften Jahrhundert gehörte und damals schon tausend Jahre lang in der Stadt war. Das Kloster ton Hodigon war eigens für die Reliquie erbaut worden; es ist freilich, wie so vieles andere, verschwunden; es lag am Fuße des Hügels, auf welchem die Hagia Sophia steht, gegen das Marmara-Meer hin, dort wo jetzt das Lazarett im Gülhane-Park ist und die Eisenbahn aus Europa und von den Vororten kommt, das schlotterige Eisen.

Keine andere Ikone der Hauptstadt ist so verehrt worden. Die Jahrhunderte müssen sie reich geschmückt haben; ein russischer Pilger schreibt in seinem Reisebericht, auf den Prozessionen hätten vier Männer schwer an dem Bildnis getragen. Man muß es sich also bedeckt von Beschlägen vorstellen, überfangen mit einer Goldfolie, dazu ein Rahmen, der mit Edelsteinen und Perlen besetzt war, und vielleicht war es behängt mit Votivgaben.

Das Gnadenbild war das Heiltum der Hauptstadt. Als nun die Türkenbelagerung begann, brachte man es in die Nähe der Mauer, weil dort die größte Gefahr war. Nahe der Mauer, das war das Kloster tis Choras.

Arme Zunge, schreibt Dukas, der auferlegt ist zu sagen, was nun der heiligen Ikone geschah, um unserer Sünden willen. Und er schildert, die Plünderer seien ins Kloster gedrungen; weiß der Himmel, wie sie gleich auf das Gnadenbild aufmerksam wurden, das ihnen nichts bedeuten konnte, begehrenswert nur seines Schmucks wegen. Doch gerieten sie alsbald in Streit um die Beute. Da schwang einer der Gottverlassenen, schreibt Dukas, seinen Krummsäbel und hieb das Heiltum in Stücke, um die sie dann würfelten, so ein Doppel liefernd zu den würfelnden Landsknechten auf Golgatha unterm Kreuz.

So ging die Ikone aller Ikonen zu Grunde, das Schutzbild der Hauptstadt. Es gab ja auch nichts mehr zu schützen.

Es ging mehr unter. Auch die Erinnerung daran, daß die Ikonen, die griechischen Bilder es sind, von denen wir unseren Begriff von dem, was ein Bild überhaupt ist, abnahmen und nehmen bis zum heutigen Tag, wissend oder unwissend.

Nur weil wir, ewige Schubfach-Ordner, halt Fachleute, den Namen Ikone einschränkten, obwohl doch Ikone Bild heißt und ein anderer Name nicht da ist – nur weil wir immerfort einteilen, auf Unterscheidungen stolz sind, in Türen schwelgen, allzugern abkammern, verlor sich, was zueinander gehört. Denn auch jetzt noch sind wir umgeben von Bildern, die wie Ikonen gesinnt sind.

Vom alten Rom war gekommen, was praktisch war, dokumentarisch, eindrucksvoll, zweckmäßig. Also waren die Bilder, die aus Rom kamen, was man lebensecht nennt: Bildnisse, Tiere, Fruchtgewinde und Jagden. Lebensecht, aber ohne das Wunder, das eine Ikone, auch die schlichteste, einbringt. Denn was eine Ikone ausmacht, ist doch, daß mit ihr der Heilige, den sie abbildet, *eintritt*. Das ist die Macht der Ikone, das ist ihre Hauptsache. Die Ikone kann den Heiligen, der fern ist, leibhaft herbeiziehn vom Himmel; nun ist er gegenwärtig im Zimmer. Mit jeder Ikone kommt Wunder ein. Jede Ikone hat Strahlenfäden zum Himmel. Jede Ikone ein Fenster. Jedes Bild mehr als ein Bild; jede Ikone ein Anruf. Jedes Bild eine große oder kleine Tracht Wunder. Daß sie Wunder einbringt, das ist die Macht der Ikone.

Es sind nicht mehr Heilige, die wir in Bildern herbeiziehn. Aber immer noch sind wir wundersüchtig im Umgang mit Bildern, wie damals. Wir bedrängen sie, daß sie uns sagen sollen, was wir nicht wissen. Was die Fakten uns schuldig bleiben und was uns die Rechnung verschweigt: die Bilder sollen es wissen.

Sonst schwachgläubig, glauben wir, daß die Bilder sehen, was wir nicht sehen und nur durch sie wissen können. Wir könnten sie unsere Ahnungen nennen; unsere guten und bösen Ahnungen sind sie. Sie bringen uns Wunder ein. Denn es ist noch nicht ausgewiesen, daß wir ein Leben ohne Wunder aushalten.

Die Blüte der königlichen Seerose, eine der größten Blumen, die wir überhaupt kennen, taucht aus dem dunkelen Wasser auf, eines Sommerabends, eröffnet sich, schließt sich wieder am Morgen, öffnet sich abermals gegen Abend, taucht gegen Morgen der zweiten Nacht unter, lautlos, für immer, trägt unter Wasser die Frucht aus.

XXIV

IM STUDIOS-KLOSTER

Das uralte Kloster unweit vom Sieben Türme-Schloß, einst vom Patrizier Studios gegründet, war in dem berühmten, berufenen Bilder-Krieg eine Festung des Bilder-Glaubens. Sein Abt, der heilige Theodoros von Studios, war der stärkste, auch verfolgteste Streiter gegen den Bilder-Haß, zuletzt Sieger; somit Wahrer des alten griechischen Erbes. Denn an die Kraft des Bildes zu glauben, ist griechisch.
Es gehört sich, der Kloster-Ruine die Ehre des Besuches zu geben, wenngleich sie schwerlich zu dem zählt, was man eine Sehenswürdigkeit nennen kann; auch ist der Platz meist verschlossen; der Invalide, der sich noch gut an Von der Goltz Pascha erinnert, hat entweder die Eisentür gerade verschlossen, will zum Essen gehn oder ist, am nächsten und übernächsten Tag, gar nicht da.
Die Welt bildlich oder bildlos zu sehen, ist eine der gründlichsten Entscheidungen, die der Menschengeist treffen kann. Lebens-Freundschaft oder Lebens-Feindschaft, Welt-Angst oder irdisches Vergnügen: hier werden die Würfel geworfen. Zwischen Bild-Vertrauen und seiner Verdächtigung, zwischen Bild-Freude und Bild-Fremde gibt es keine mittlere Mitte; entweder es glaubt Einer an die Kraft des Bildes oder er hat nie erfahren, was ein Bild ist; dann wird er, ein Ausgeschlossener, es hassen.
Die Bilder-Frage, eine Kardinal-Frage. Aber wenn sie das ist, so kann sie nicht Historie sein. Dann wird sie immer noch brennen.

Es war damals bald Einigkeit unter denen, die an das Bild glaubten, dem heiligen Bild selber, dem Holz (wie man sagte) dürfe Anbetung nicht zukommen; wo das geschehe, walte unzweifelhaft Mißbrauch. Dann nämlich ende die Anschau im Bild, und eben das dürfe nicht sein. Denn das Bild sei ein Fenster. Nichts sei es, oder eben ein Fenster. Durch sein Fenster scheine das Unbegreifliche ein, hilfreich. Man könne, im Bild, einen Schimmer gewinnen von dem, was über allen Begriff sei. Das Unzulängliche, das so hoch droben ist, sodaß niemand zulangen kann: Im Bild zeige sich immerhin ein Schimmer.

Gut; das war von jeher auch der Glaube der Dichter.

Nun war es so, damals, daß Parteien-Haß den Blick engte. So konnte es geschehen, daß man vom gemalten Bilde nicht wegkam. Nur am Rand trat ein Argument auf, das hätte in die Mitte gerückt werden müssen: Daß nämlich zwischen dem gemalten und dem gesprochenen, berichteten Bild kein rechter Unterschied sei; daß da keine Grenze verlaufe, überhaupt keine. Welche Grenze denn? Etwa die, daß man das gemalte oder gemeißelte oder geschnitzte oder musivische Bildnis mißbrauchen, anbeten, vergötzen könne? und die Gefahr solchen Mißbrauchs wäre beim wörtlichen Bild nicht da? Als ob das wörtliche Bild nicht auch in Gefahr sei, selbstverliebt, leer, eitel und in sich gefangen zu sein? Als ob es überhaupt etwas auf der Welt gäbe, das vor Mißbrauch geschützt sei? Oder die Grenze, daß man das gemalte Bild dinglich vor sich sehe, das wörtliche aber sei geistig und man sehe es nicht? Aber wer sagt das? Wer sagt denn, daß man das wörtliche Bild nicht leibhaft vor sich sieht? Kann ja sein, daß es solche dinglosen Leute auch gibt. Warum will man das Maß von diesen armen Beraubten abnehmen? nicht lieber von denen, die, wenn sie ein Bild hören oder lesen, also wörtlich aufnehmen, es dinglich leibhaft vor sich sehen? Die, wenn es heißt: »Menschenleben wie Gras, das früh blühet und bald welk wird und des Abends abgehauen wird und verdorrt« die Wiese im Abendlicht leibhaft und dinglich vor sich sehn? wie im Traum, wenn man alles leibhaft sieht, stärker, wie mit Strom aufgeladen, feierlich, in dem Aufschein und Durchschein, nach dem wir uns sehnen?

So begriffen wäre Bilder-Haß nie zu halten gewesen; die wütenden Zerstörungen, die jede Welle von Bilder-Haß mit sich bringt, und das kommt immer wieder, hätten nicht stattgefunden. Dann war es ja mit der Bilder-Feindschaft Israels, dem kräftigsten Argument der Verfolger, auch nicht weit her. Die Psalmen quellen doch über von Bildern, das Hohe Lied schwelgt darin, die Profeten scheuen das Bild nicht, und was die Gleichnisse Jesu, das Urgestein der Überlieferung anlangt, so hätten sie dem Bilder-Haß seine Begründungen schnell aus der Hand geschlagen: der Säemann, der manches daneben sät und doch erntet; das winzige Senfkorn, aus dem die Staude mächtig zwei Meter hoch aufwächst; die Arbeiter im Weinberg, die trödeln, sich zu recht verschiedenen Zeiten des Tages zur Arbeit herscheren und denen die Güte des Herrn am Abend dennoch den gleichen Taglohn auszahlt; das Weizenkorn, das, wenn es nicht stirbt, keine Frucht bringt, und alle die hundert und tausend größeren und dichteren Wortbilder. Kann Erde und Himmel, Irdisches und Überirdisches, Begreifliches und entzogenes Unbegreifliches sich mit energischeren Fäden verknüpfen als es die Bilder tun?

Doch darf bei der Gleichnis-Geschichte, die wir Parabel nennen, und beim Gleichnis-Wort, das wir Metafer nennen, nicht Halt gemacht werden. Nicht einmal da verläuft eine Grenze. Denn auch das einzelne Wort hat schlummernde Bildkraft. Fast jedes Wort eine Bild-Zelle. Fast jedes einzelne Wort, wenn es nur erhört wird, hat Bildkraft. Freilich, man kann diese Kraft unterdrücken, erwürgen, abdrängen; man verschleudert dann eben Vermögen.

An diesem Punkt angekommen, ist das dürre Feld der Historie, falls man glaubte, auf ihm zu weilen, verlassen. Jeder muß sehen: Der Bilder-Krieg dauert an. Es dürfte schwerlich zu leugnen sein, daß er so erbittert wie jetzt noch niemals geführt wurde. Im Bergrutsch des massenhaften Gedruckten, das jahraus, jahrein auf uns niedergeht, uns zu verwirren sucht, schwelt ein Bilder-Haß, und ich zweifle nicht, daß dieser besondere Haß zu dem großen Feldzug gehört, den die Neuzeit, schwerbewaffnet, gegen die Dinge führt, um sie einzuschüchtern, sie um ihr Selbstbewußtsein zu bringen.

Täusche ich mich? Die Sätze, die Bücher, die Vorträge, die Abhandlungen, die Untersuchungen sind bilderfeindlich geworden. Es brennt ein Welt-Haß und er richtet sich gegen die Bilder. Ein Bürger-Weltkrieg, heftiger als damals, hat statt, bloß daß er ohne Namen geführt wird. Sprache ist schrottnah geworden, keuchend, freudlos und glücklos. Bilderlos, weltlos.

Wie die Maschinen von Tinguely, der die Sklaven-Not der Maschinen mitgefühlt hat, und das heißt: den Weltkrieg gegen die Dinge. Wie die Maschinen von Tinguely: stöhnend, keuchend, nichts schaffend; wenn etwas bei ihrer Sklavenarbeit herauskäme, für sie wäre es doch nicht. Es zu sehen, wäre eher Sache der Dichter gewesen: die Sklaven-Not der Dinge, dargestellt durch Maschinen, die es zur Verzweiflung treibt, die Selbstmord verüben.

So Reden und Schriften: schwarzeisern, kompliziert und tantalisch. Hassend und häßlich, hochgerüstet und waffenstarrend. Aufgeregt zischend, ratternd und spuckend, schwerschuftend. Aber kommt viel bei ihrem Schuften heraus? Und mit diesen Maschinen sollen wir fahren zum Weltglück?

GUTER STIL

Guter Stil: Da ist auch Nächsten-Liebe im Spiel.

XXV

Horatius empfahl, neun Jahre lang mit der Hinausgabe eines jeden Manuskriptes zu warten. Er konnte das, weil er, Sohn und Schüler der Griechen, eine bestimmte Vorstellung von Ruhm hatte. In der Antike mußte jeder Politiker, jeder Wettkämpfer, jeder Künstler den Ruhm suchen, weil ihm nach dem Tode der Hades bevorstand, ein Dortsein im Halblicht, in ewigem Durst nach dem Hiersein. Dort war nicht einmal ein Warten, auf was denn; dort war nur ein Verweilen im Wesenlosen, endlos und sinnlos, unter Schatten ein Schatten, dabei Erinnerung an das Sein, an dem man einst teilgehabt hatte, an erfüllte Lebenstage, Taten, Schicksale, Glück, Leiden. Hades: eine schreckliche Zukunft. Schlimmer als Nicht-Sein.

Da half Nachruhm. Zwar, er half nur ein wenig; er konnte das Schatten-Dasein nicht lichten; Ruhm konnte nichts Gründliches bewirken gegen den Gott der Schatten Aides, der selber schattenhaft war. Und dennoch. In dem dämmerigen Halbsein war Ruhm doch ein Wetterleuchten vom Sein. Hatte Einer hier Ruhm angesammelt, so war dort immerhin Nachglanz. Etwas Sein ließ sich so doch ins Schattenreich paschen. Etwas mehr Kontur mußte ein solcher Schatten unter den anderen Schatten doch haben, unter ruhmlosen.

Immer ist damit zu rechnen, daß die großen Gedanken auch ihre billige Ausgabe haben, ihre allgemeine, banale, heruntergekommene. Darin zeigt sich sogar ihre Großmut; sie erdulden in Gottes Namen den Zustand.

Was in unseren Tagen vom Ruhm der Antike nachblieb, war ein Mißverständnis: eine Humanisten-Vorstellung von Nachruhm. Der war etwas anderes. In der Antike hatte der Ruhm einer Todes-Angst beigestanden. Das entfiel jetzt; der Gläubige brauchte den Ruhm dazu nicht mehr. So trat etwas anderes vor: Die ewigen Werte des Geistes, die unsterblichen Kunstwerke. Jetzt gab es den Ewigen Vorrat, das Denkmal. Das Museum, die Klassik. Das war nun aus dem Ruhm geworden: Ein stolzer Besitz, verfügbar, wie es jeder Besitz ist, und auf den Enkel vererbbar; er mußte ihn bloß erdienen, um ihn wiederum zu besitzen; verfügbar jedenfalls war er.

Im Zeiten-Feuer schmolz uns diese Vorstellung. Es ist uns nicht mehr geheuer bei dem, was man das Ewige in der Kunst und im Geist nennt, nicht mehr geheuer bei diesen Jahrhundert-Feiern, diesen Gesamt-Ausgaben in sechzig Bänden, diesen Marmor-Särgen, diesen Denkmälern. Nicht mehr geheuer bei einem Vertrauen auf das berühmte gerechte Urteil der Nachwelt. Nachwelt: wir müssen fragen, ob es so etwas geben wird? Nachwelt, die müßte doch etwas wissen wollen von Vorwelt. Sie wird lachen.

Liebgewordene Vorstellungen, von denen man sich nicht gern trennen mag. Freilich. Alte Sachen, die man halt aufhebt, aber eines Tags muß man einsehen, sie lassen sich nicht einmal mehr verschenken; man wird seine liebe Not haben, daß man sie irgendwie wegbringt. Da meint man immer noch, es werde so zugehn wie früher: große Werke, sie können nicht untergehen, sind unzerstörbar. Sie werden eine Zeitlang vergessen, aber wartet nur, sie werden wiederkommen. Eines Tages werden sie in Jugendglanz wieder da sein. Wirklich?

Was fehlt, ist Einübung in ein Verlieren, wie man es noch niemals gekannt hat. Was fehlt, ist Begreifen, daß wir uns einließen mit einer Großmacht und Weltmacht, mit der Herstellung, und daß die nicht sein kann ohne eine andere Großmacht und Weltmacht, die Verbrauch heißt. Welt-Müll. Da denkt man immer noch, die seien gute Haustiere, zähmbar. Es wird gut sein, sich einzuüben in ein Verlieren für immer.

Ruhm, Nachruhm: es ist Staub auf diese Worte gefallen.

Was also? Was wäre Ruhm dann?

Man muß sich immer aufrufen, nach der verschütteten Hochform von Begriffen, von Worten zu suchen; das ist die Archäologie der Worte und der Gedanken. Es gibt auch Leuchtkugeln über dem Feld, das man die Philologie nennt; dann wird erinnerlich: eigentlich ist sie eine Leidenschaft zu den Worten.

So diese Leuchtkugel:

Als das Wort Doxa, Ruhm seine alte Rolle ausgespielt hatte, weil der alte Hades ja aufgelöst war, Antike untergegangen, der Angst-Traum von einem ewigen Schatten-Unleben im neuen Lichte zerronnen, da geschah etwas Merkwürdiges. Wenn dergleichen Dinge beschaffen wären, Jemanden aufzuregen, so müßte man sagen, daß es aufregend war, was geschah. Nämlich, da nahm das Wort Doxa, Ruhm sich zusammen, überwand sich, sprang über sich selber, war zu stolz, um mit Geringem zufrieden zu sein, war auf einmal der Name für das Licht selber. Doxa tu Theu, die Herrlichkeit Gottes. So kommt das Wort Doxa hundertmal im Evangelium vor. Ruhm, das war mit einem Mal das Licht selber, nicht seine Bekanntmachung. War Doxa vorher die Hoffnung gewesen, ins Schattenreich einen Widerschein vom Sein hinüberzuretten, so war Doxa jetzt die Lichtfülle.

So sprang das Wort; ein Vorgang fast ohnegleichen. Ein Unbekannter, so ist man gezwungen zu sagen, hatte den genialen Einfall, das Wort so springen zu lassen. Aber es war auch wieder ganz folgerichtig, dem alten Namen der Hoffnung auf einen Widerschein des Lichts nunmehr dem Licht, da es erschienen war, zu geben. Doxa, der Ruhm, das war jetzt der Strahlenglanz selber, das war der Zenit, zu welchem sich etwas in seiner geglücktesten Stunde erhebt. Ruhm: die Erleuchtung. Die Glück-Stunde. Mittag, Hochsommer. Steigerung, Ausnahme. Das Gelingen, die Ankunft. Die Hochform, nach welcher Jeder sich sehnt.

Es ist das, weswegen die Griechen in ihren Kirchen die rätselhafte Verklärungs-Geschichte auf dem Berg Hermon so lieben und immer und immer wieder abbilden in ihren zärtlichsten Mosaiken und Fresken und ungezählten Ikonen. Denn sie nehmen die Verklärungs-Geschichte nicht als etwas, was früher einmal, Wunder unter anderen Wundern geschah, nicht als etwas Vergangenes. Vielmehr als etwas, worauf jedes Leben zulebt: auf das große Entzükken. Sie haben die Verklärungs-Geschichte zu ihrer Herzen-Sache gemacht. Griechen sind Griechen geblieben.

So wäre denn Ruhm etwas, was mit der Öffentlichkeit nicht das geringste zu tun hat. So hätte denn Horatius empfohlen, nicht so viel wie möglich, vielmehr so wenig wie möglich hinauszugeben, da es nicht auf Öffentlichkeit, vielmehr auf Hochform ankomme.
Es war nichts so Ungewohntes, was er da vorschlug. Es war eher das Hergekommene, das durch die Jahrhunderte galt, so lange, bis die absurde Manier aufkam, aus dem Geschriebenen einen Artikel des allgemeinen, recht schnellen Verbrauches zu machen, einen Umsatz. Das Geschriebene, ein Verbrauchsgut. Gedrucktes hergestellt, schnellverbraucht, damit neues hergestellt werde. Das Schreiben: Futter für die Neuigkeiten-Maschine; Buch, eine Ware wie andere. Auf einmal sollte das Schreiben ein Umsatz sein; Ruhm wurde jetzt nach dem Umsatz bemessen. Auf einmal fühlten sich die Schreiber zum Immerschreiben gezwungen, eine Sklaverei ohnegleichen. Zwar niemand zwang sie; sie zwangen sich selber; es war eine der vielen Sklavereien, welche die Neuzeit, unter Fahnenschwen-

ken und ununterbrochenen Aufrufen zur Menschheit-Befreiung erfand.
Mit einer Handvoll Gedichte, mit ein paar Handbreiten von Geschriebenem abzuscheiden, mit einem Bündel von Blättern, das war möglich im alten China, in der Antike, auch bei uns einst. Nun aber waren die Schreiber gezwungen, immer mehr und weiter zu schreiben; sie wolltens nicht anders. Irgendwo, in einer fremden Stadt, wo er nur Wenige kannte, in engen Verhältnissen, bei kleinen Ansprüchen, hat Einer um seine Drei- oder Fünf- oder Achtundzwanzig etwas Angespanntes, Gerafftes, ehrgeizig Rücksichtloses geschrieben, dann Wässeriges nachgegossen. Mit der Zeit haben die Leute etwas Ungenaues von jenem starken Erstling gehört und greifen, man muß doch auf dem Laufenden sein, zum schwächeren Neuen; das Neue ist immer das Bessere, neu ist gut, neu ist unerläßlich, wer wird zurücklesen, wer wird etwas zum zweiten Mal lesen. Sodaß das Schwächere den größeren Ruhm macht, und das heißt in der Sprache der Neuzeit: den größeren Umsatz.
Sehen die Schreiber denn nicht, daß der Verbrauch zuallererst Den verbraucht, der ihn zu seinem Diktator gemacht hat? Verbrauch, der Genosse der Herstellung. Nie ist der Eine ohne den Anderen zu sehen. Herstellung und Verbrauch: die Gesellen, die sich gegenseitig hochtreiben. Da meinen Einige, es ließe sich die Herstellung loben, der Konsum aber zähmen. Traum, die gute alte Zeit könne wiederkehren. Ein Rückgriff, eine Romantik.

Wäre es nicht besser gewesen, die Schreiber hätten es als gutes Zeichen genommen, wenn ihnen mit der Zeit Leser abfielen? Das wäre natürlich. Mußte ihnen nicht daran liegen, nur das zu schreiben, was für sie selbst wichtig war? und das war, wenn es mit rechten Dingen zuging, mit den Jahren spröder, weniger eingängig, mehr gegenströmig, eher rissig, gesparter und strenger? Mehr soliloque. Ich wünschte, es würde sich nicht wie die Äußerung eines Verrückten anhören, wenn Einer (ich wäre auf seiner Seite) sagen würde: Es komme ihm nicht darauf an, möglichst viel, sondern möglichst wenig zu schreiben. Aber ich fürchte, es würde gar nicht verstanden werden, wie Der das meinte.

Davon weit weg, ziehen die Meisten es vor, sich in die Sklaverei zu begeben, die Verbrauch heißt. Als ob Öffentlichkeit sich nicht verändert hätte. Als ob Öffentlichkeit, da sie dem rapiden Verbrauch hörig und mit ihm identisch ist, nicht verdächtig wäre. Als ob man sich nicht trennen müßte von ihr. Enthaltung vom Zeitgeist war oftmals notwendig; es wäre doch das erste Mal nicht.

Es ist aber so gekommen, daß die Schreiber, nicht einmal mehr lachend über die neun Jahre, die dieser alte Fürstenknecht, hieß er nicht Horaz, vorschlug, es für ein Versäumnis halten, auch bloß neun Wochen hingehen zu lassen, ohne irgend ein Geschwätz über sich zu veranlassen, und ein übles sei immer noch besser als gar keins. Wichtiger als alles: recht oft auf dem Bildschirm erscheinen und das auch noch für eine Pflicht zu halten; man muß die Nation erziehen. Sich in recht vielen Mündern wälzen. Meister der Selbst-Anzeige, haben sie den Skandal als eine Spielart der Werbung erkannt, die sich für andere Branchen weniger, für die ihre aber gut eignet. Sonst zerstritten, eint sie der unerschütterliche Glaube an Umsatz. Rapider Verbrauch, schnell nachschiebende Herstellung, Markt-Anteile, Vertriebs-Fragen, Kartelle, Markt-Lücken. Ausspähen nach etwas, das Aussicht hat, für eine Weile Mode zu sein: so zerstritten sie sonst sind, auf diesen Text schwören Alle.

Das ist die Auffassung von Ruhm jetzt.

XXVI

Von der Großen Mauer, welche Konstantinopel nach den zwei Meer-Seiten und nach der dritten Dreieck-Seite, also dem Land zu, umgibt, heißt es, daß sie das weitaus größte Bauwerk sei der Antike, und so ist es. Wem das Wort Europa mehr als ein modisches Gespött ist, der wird diese Mauer-Ruinen in vielen Stunden an vielen Tagen begehen: Hauptmauer und Vormauer, Zinnen, Türme und Treppen, Tore, Zwinger und Vorzwinger, Graben, halbverfallene Gewölbe. Er wird versuchen, sich aus den Teilen das ehemals Unversehrte zusammenzusetzen, wird Trauer nicht scheuen. Wird erkennen: Es ist nicht in Konstantinopel gewesen, wer das nicht tat. Wird bedenken, daß dieses kunstvolle, hocherstaunliche Bauwerk ein Epitaph ist, auf welchem steht: Halten. Denn so wie die Mauer die Hauptstadt hielt, so hielt die Hauptstadt den Erdteil, der damals schon alt war, Europa, das man das Römische Reich nannte und besser das Griechisch-Römische nennt. Die Mauer hielt, stemmte mit Schultern, Nacken und Rücken. Denn immer wieder kamen Anstürme, von denen ein jeder das Ende für immer sein konnte: Goten und Hunnen, die Awaren aus Inner-Asien, Perser, Slaven, Bulgaren, Gepiden, der furchtbare Araber-Ansturm, die tödliche Gefahr der Seldschukken, Manzikert 1071, das Nomaden-Volk der Petschenegen und dann die Kreuzfahrer, die Türken. Und jeder Ansturm, fast jeder, wie eine tödliche Krankheit, jeder das mögliche Ende Europas, das dann halt aussähe wie jetzt Nord-Afrika aussieht, das ehedem fruchtreiche Land von Kyrene, die Arabische Wüste, wo wir, wenn wir unter unseren Zelten gruben, antike Amphoren fanden, Beweise, daß dort einst bewohntes und fruchtendes Land war. Wenn die Hauptstadt fiel, war schwerlich ein Halten. Byzantion, der tausendjährige Aufhalter.

Man muß viel laufen in Stambul. Da man, was man nicht mit dem Kleingeld von Schritten bezahlt hat, nicht gesehen hat, ist diese Stadt schwierig. Auch bedrückend; viel Armut, Unvermögen, viel Schmutz, Krankheit, die bitteren Beigaben der Südreisen. Und, wie überall auf der Welt, die Nachfolge- und Spiegel-Krankheit der Pest, die einst Erdteile menschenleer machte: die zuvielen Menschen.
So lange der Zustrom aus Inner-Anatolien anhält, von Familien, die dort in einer Erdmulde hausen, einer Hasen-Sasse, die mit Gezweig überdeckt ist, wird sich die Armut der Stadt nicht vermindern. Sie kommen, weil sie vermuten, daß sie am Rande der Großstadt immer noch besser daran sind, könnten irgend etwas von Blech finden, das sie zurechtklopfen, Kistendeckel, rostige Nägel; so entstehen die bekannten Übernacht-Hütten; was über Nacht unter Dach kommt, darf, altes Gesetz, die Polizei nicht einreißen.
In dem einen Teil der Großen Land-Mauer sind die Türme, in anderen Teilen die Vormauer, in wieder

anderen die Gräben erhalten, die von Schotten gekammert und mit Wasser gefüllt waren. In wieder anderen Teilen die Mauer-Krone; das Ganze nur selten. In einen leidlich erhaltenen Turm der Vormauer wollte ich eintreten, da sah ich, dort nistete eine Familie, kein Mann, die Mutter, vier Kinder. Der anderthalb tausend Jahre alte Hohlraum des Wach-Turms maß vielleicht sechs oder acht Quadratmeter; die halboffene Seite war mit geschichteten Steinen, Blechstücken und Stoffresten geschlossen; im Sommer mag das ja gehen, aber im Winter? wenn es die kalten Schwarzen Meer-Winde hat und kalt regnet?
Ich trug leichte Schuhe. Ich war auf der Mauer-Zinne, da löste sich mir vom einen Schuh die Sohle und schlappte, komisch und lästig, da ich nicht wußte, wie ich fort und nach Haus kommen sollte mit der Sohle, die bei jedem Schritt wegschlappte, sich umlegte. Doch ein Türken-Junge hatte mich, ohne daß ich ihn gesehen hatte, beobachtet. Er war in dem verfallenen Wach-Turm zu Haus und trieb sich, wie viele seinesgleichen, im stunden- und tageweiten Gemäuer herum; kann es auch ein besseres Gelände für Knabenspiele geben als diese Wälle und Türme, Höhlen, Gewölbe und Gräben? Er kam näher und bedeutete mir, daß er Rat wisse, lief mit mir zu einem der Müllberge, denn, leider, Stadt-Ruinen wie Dorf-Bäche haben es an sich, daß sie den Abfall anziehen. Die verehrungswürdigen Mauern von Konstantinopel sind Latrinen und Müllhaufen, Stapelplätze von alten Kanistern und Weißblech. Nach einer Weile

des Stocherns fand er etwas zwischen Draht und Senkel; ich verstand, schnürte die schlappende Sohle über dem Rist fest, konnte gehen. Der Junge genoß seine Rolle.

Auch auf die See-Mauer haben sich Häuser gesetzt, hoch überm Marmara-Meer; das Stadtgebiet besteht ja aus Hügeln. Einige von diesen Häusern sehen aus wie Künstler-Klausen, mindestens von Weitem, scheinen mit Fantasie und Leichtsinn hinaufgesetzt, Weinlaub-Terrassen, Kanister mit blühenden Blumen. Gewiß, es ließe sich träumen, ein paar Jahre auf eine solche Weise zu wohnen, auf dem tausend Jahre alten Gemäuer, im Halbschutz uralter Ziegel-Wände, hoch überm Meer, das so gut wie ein Binnen-See ist, ziehende Schiffe, die ankommen, wegfahren im Blaudunst des Abends, Lichterketten über Bug, Heck und Masten, und drüben die anatolische Küste, der schneebedeckte bythinische Olympos, der Mönchsberg. Wohnen und die Vergangenheiten der Stadt bedenken wie der bewundernswerte Ferdinand Gregorovius es mit dem Athen des Mittelalters getan hat, auch bedenken, wie anders es für uns aussähe, wenn eine Jugend, die sich mit allem ausstattet, es mit dem Enthusiasmus anstatt mit dem Skandal hielte –; wenn sie, anstatt sich im Haß zu üben, stürmisch und schon seit langem auf einem verschmolzenen Europa bestünde, wie sie es schon vor anderthalb Jahrhunderten in Hambach getan hat.

An den Toren der Großen Mauer, es gibt die uralten Tore und einige neuere Durchbrüche, knäueln sich die Autos. Die Leute von Istanbul sind wilde Fahrer, halten nichts von Ampeln und Vorfahrt; Faustrecht des Autos. Die meisten Istanbuler sind Vorstädter, das ist anderswo auch so. Aber wer nicht die endlosen, ungepflasterten, schrundigen Vorstadt-Straßen, die sich im Nordwesten der Stadt ins Land fraßen, durchirrt hat, kennt die Lage der Stadt nicht. Jede Großstadt ein Walfisch; morgens Einzug, wie der Pottwal eine gewaltige Wasserwoge aus dem großen Suppentopf Ozean einzieht, der kleinen Meer-Tiere wegen, der Flügelschnecken und Krebse, abends Ausstoß. So die Städte. Die Städte-Planer, hier wie anderswo, denken in Flucht-Straßen, wählen Worte aus der Festung-Sprache, sagen Ausfall-Straßen; was sie sich dabei denken? irgendwie Krieg doch. Schlitzen die Städte auf; mag wohl sein, daß es anders nicht geht, sollten aber das Eingeständnis nicht scheuen, daß sie durch den Begriff der Stadt einen Strich machen. Endzeit der Städte. Was Stadt heißt, geht dem Ende zu, liegt an Übertreibung auf den Tod nieder. Das Wort Bürger hat seinen Sinn verloren; in der Stadt ist kein Mensch mehr geborgen. Es gibt keine Bürger mehr; Worte sind den Umständen oft um eine Länge voraus, wissen mehr, sind offener. Bürger? Wenn man auf das Wort Bürger hinhört, weiß man gleich: Es kann keine Bürger mehr geben.

An der Stelle, wo die Große Mauer zwischen Marmara-Meer und Goldenem Horn zur höchsten Hügel-Höhe ansteigt, steht außerhalb, im Vorfeld, eine Mesdschide, eine kleine Moschee also. Ich trat ein mit der Absicht, das kleine Minareh zu ersteigen, ich wollte die Mauer im Ganzen sehen, auch abschätzen, wo das Zelt des Sultans Mechmed, des Belagerers und Eroberers, gestanden haben muß; im Überblick müßte das klar werden, denn Überblick wollte er auch haben; Pfeile, Geschosse von der Mauer her waren da nicht mehr zu fürchten.
Der Imam, der Priester, war ausgegangen. Seine Frau werkelte im Höfchen, das zusammen mit Mesdschide, Minareh und Pfarrhaus zu einem Frieden verbaut war. Beim Anblick des Fremden erschrak sie, schloff weg, maushaft. Neuzeit war für sie noch nicht angebrochen. Nach längerem kam sie vorsichtig wieder, körperlang in ein Tuch gewickelt, Kinn und Stirn sehr verborgen, die sind Scham-Gegend. Stand regungslos an der Wand, nickte aber, als ich verständlich machte, was ich wollte, den Kopf schräg zur Seite abwärts bewegend, wie auch die Griechen tun, wenn sie Ja sagen, gab mir den Schlüssel. Ich zog meine Schuhe aus, betrat die Mesdschide. Altverblichene Teppiche, von denen einer den anderen halb deckt, wieder andere zu anderen Teilen darüber, ein Polster. Mottenkugel-Geruch. Niedere Holzdecke, umbra-graue Ölfarbe, Leisten. Großmutters Wohnstube. Kein Luftzug. Standuhr und

Tick-Tack; Zeit-Tropfen fielen folgenlos auf das Teppich-Polster, versickerten, waren niemals gewesen.

Ich verweilte, schraubte mich alsdann die Spindel des Minarehchens empor, fensterlos im Dunkeln, ein Bohrwurm. Trat hinaus auf den Rundkranz.

Vor der Großen Mauer die Knäuel der Autos, ununterbrochenes Gehupe. Dicht daneben, in einem Schott des Festungs-Grabens, fand ein Pferdemarkt statt, auch eine Szene wie vor dem Anbruch der Neuzeit. Die Pferde hochgeschmückt, glänzend gestriegelt, Perlenschnüre; besonders darf bei keinem die Schnur aus blauen Glasperlen fehlen, die gegen den bösen Blick schützt. Es waren auch bunte Zweirad-Karren beteiligt; die Pferde mußten im Probe-Galopp neben den Autos herrennen. Männer in Sonntags-Anzügen; das Ganze ein Volksfest.

Hügelabwärts, zu den beiden Meer-Ufern, das Ganze der Mauer, das hocherstaunliche Bauwerk, das Schicksal. Die Mauer, die ein Jahrtausend lang aushielt, die Stadt hielt, das Reich hielt, jetzt noch die Stadtgrenze von Stambul.

IN JEDEM FALL GRIECHISCH

Istanbul oder Stambul: man weiß, daß Beides nur die vernutzte Wortform von Is tin polin ist, In die Stadt, Zur Stadt, so wie man z'Minka sagt, zu München, nicht in München. Doch wohl ein Name, der sich vom Lande her gab, Namensform einer Landstadt. Es ist wies die Bauern sagen, wenn sie zu Markt fahren. Wo gehst hi? Auf Minka. Wo bist gwen? Z' Minka. Zu der Zeit hatte Stambul wohl aufgehört, Hauptstadt und Reichsstadt zu sein, war offenbar Landstadt.

Es kommt also auf dasselbe hinaus, ob man den uralten, Jahrhunderte lang vergessenen Namen Byzantion ausgräbt und das Wort zu Byzanz verschmettert, Kunstwort unserer Historiker, oder ob man den Tausendjahr-Namen Konstantinopolis vorzieht oder den jetzt verordneten Namen der türkischen Groß- und Gesamt-Stadt mit allen Vororten –: Man spricht in jedem Fall griechisch.

Bloß, man meint jedes Mal etwas anderes. Wer Byzanz sagt, will in humanistischem Vorurteil sagen, daß es zwischen der hochgepriesenen Antike und ihrer griechischen christlichen Fortsetzung einen Graben gibt und er will ihn recht tief haben. Und wer Istanbul sagt, meint wohl gar, türkisch zu sprechen, will die griechische Vergangenheit los sein. Doch die Worte sind eben klüger und offener.

IN DEN BLACHERNEN

Das letzte Teilstück der Großen Land-Mauer gegen das Goldene Horn zu ist augenfällig anders und heißt die Blachernen-Mauer. Sie grenzt die alte Vorstadt Blachernai ein, ist als eine Erweiterung des Stadtgebiets zu betrachten.

Wenn man schwindelfrei ist, kann man auf der Krone der Blachernen-Mauer entlang gehn, wenn sie auch oft keinen halben Meter breit ist; auf beiden Seiten geht es an die zwanzig Meter hinab.

Das Stadtgebiet, auf das man von oben hinunterschaut, ist des Bedenkens wert, wenn es auch für den Reisenden nichts mehr hat, was ihn locken könnte. Das Stadtviertel Blachernai, das ist der melancholische Schauplatz der melancholischen Endzeit des griechischen Kaiserreichs und der Hauptstadt.

Von den Kaiser-Palästen, die in den späteren Jahrhunderten dort standen, ist außer dem Palast, den man nach dem Kaiser Konstantinos dem Purpurgeborenen nennt, keine Spur mehr zu sehen; nichts mehr vom Triklinion und nichts mehr von dem prächtigen Palast, welcher die Hypsela hieß, die Hochgebaute; der Himmel mag wissen, was unter den Vorstadt-Häusern davon an Fundamenten noch da ist.

Es ist in diesen verschwundenen Palästen viel Geschichte geschehen. Hier wurden die Kreuzritter empfangen und eben davon soll die Rede jetzt sein.

Die Prinzessin Anna Komnene, eine kluge, gelehrte und politische Frau, anmutigen Geistes, wie es sich für eine Griechin gehört, stolz auch im Unglück, das ihr in späteren Jahren zustieß; sie selber schreibt, daß sie eine diamantene Seele besitze –, die Prinzessin hat Erinnerungen geschrieben, eine Reichsgeschichte ihrer Zeit also, so wie überhaupt die Byzantiner, ihren großen Thukydides und ihren Herodotos vor Augen, ihre eigene Geschichte über ein Jahrtausend hin in einer so vollständigen Kette von Chroniken beschrieben wie kein anderes Volk es getan hat, es sei denn die Chinesen. Das Werk der Prinzessin ist geistvoll, elegant und lebendig; es ist die einzige griechische Geschichts-Quelle für die Kreuzzüge, die man somit von einer anderen Seite sieht. Es ist merkwürdig, daß es eine deutsche Übersetzung davon nicht gibt; Friedrich von Schiller, Ordinarius der Geschichts-Wissenschaft, wenngleich Dichter, wie sich die Zeiten verändern, hat eine Übersetzung dieser Memoiren begonnen, doch die Arbeit blieb liegen.

»Es war als sei das gesamte Abendland und alle barbarischen Völker, die hinter der Adria wohnen, in Bewegung geraten. Alles fing an, sich auf die großen Straßen zu machen. Alles marschierte auf Asia zu, überquerte Europa. Die Wirklichkeit war noch schlimmer als die Gerüchte, die sie anzeigten.«

Was wollten die eigentlich, diese Hochgewachsenen mit den jünglinghaft glattgeschabten Kinnen, blauen Augen und treulosen Sinnen, mit den eiskalten Herzen und dem schwärmerischen Geschwätz? brennend für eine Idee, die der klaren Vernunft keine zu sein schien, im Besitz einer Wahrheit, als ob es so etwas gäbe? Als ob es da einen Besitz gäbe?

Doch es war nur der Erste Kreuzzug, den die Prinzessin beschrieb. Die späteren erlebte sie, zu ihrem Glück, nicht mehr. Es sind sich aber alle Historiker der Kreuzzüge einig darüber, daß die Endzeit der griechischen Hauptstadt und des griechischen Rei-

ches mit einem der schändlichsten und deshalb vergessensten Akte unserer gesamten Geschichte begann, und das war die Eroberung, Verwüstung, Plünderung, Ausmordung, Verbrennung der griechischen Hauptstadt, ihrer Schwächung zum Tode durch die Ritter des Vierten Kreuzzugs im Jahr 1204; damals wurde der feinsten und reichsten, elegantesten, vornehmsten Hauptstadt des Erdkreises die Wirbelsäule gebrochen; die Türken, zwei einhalb Jahrhunderte später, drückten auf den Untergang nur noch das Siegel.
So geht es eben. Zu Anfang fliegende Heilsfahnen, Aufglanz, ein Opferwille, unbezweifelbare Bezeugung von Ehre und Treue und ein Kriegsziel, das ein heiliger Traum war. Aufbruch, um das Gute, das doch geduldig und vorsichtig ein bißchen vorangebracht werden will, im Sturm zu gewinnen. Dann eines der Bäder im Vernunftlosen, wie wir es kennen. Dann niemand, der das gewollt hat.
Zu Anfang: Idealisten des Kreuzes. Aber ein Idealist: Vorsicht. Ein Idealist: es ist besser, du mißtraust.
Geschichte, das ist: sich über Vergangenes beugen wie über einen Schloßbrunnen, wenn die Sonne hochsteht, etwas Licht in die Tiefe fällt, auf den Wasserspiegel, und man halbdeutlich, immerhin doch, etwas vom eigenen Spiegelbilde erblickt.

Europa feierte damals einen seiner glorreichen Selbstmord-Versuche, in denen es sich bis auf den heutigen Tag so geübt hat, daß es zur Meisterschaft fortschritt. Die Scheußlichkeit war gigantisch.
Würden bloß die griechischen Chronisten davon berichten, so möchte man Übertreibung für denkbar halten, auch für verständlich. Doch der Geschichtschreiber der Kreuzfahrer, der dabei war, die berühmte Chronik des Gottfried von Villehardouin, sagt es auch so. Niemals seit Erschaffung der Welt, so schreibt er zur Schande seiner Landsleute und Mit-Ins heilige Land-Fahrer, niemals seit Erschaffung der Welt sei so viel in einer einzigen Stadt gestohlen worden, und niemand könne das Gold und das Silber und das Geschirr und die heiligen Geräte und die Juwelen und die feinen Gewebe und die Werke der Kunst zählen, die damals geraubt und zerstört wurden. Und damit der Leser dieses Buches nicht meine, es würden hier zu starke Worte bemüht, zitiere ich, was der neuere Historiker der Kreuzzüge, kein Freund extremer Wendungen, abgeneigt allen Heftigkeiten, die nicht Art seiner Zunft sind, der gelehrte und maßvolle Steven Runciman im dritten Band seiner Geschichte der Kreuzzüge schreibt: »Die Plünderung von Konstantinopel hat in der Geschichte nicht ihresgleichen« und: »Es hat niemals ein größeres Verbrechen an der Menschheit gegeben.« Man könnte genauer sagen: an Europa.
Es war so:

Die ersten Angriffe der Kreuzfahrer konnten die Griechen abschlagen. Danach sah es nicht schlecht aus. Bei einem zweiten Angriff aber, einige Tage danach, geschah gegen Mittag das Folgende. Die venezianischen Galeeren, schon schwer mitgenommen, waren jetzt paarweise mit Ketten aneinander gebunden. Ferner hatte man von Mast zu Mast oder sonstwie eine Art von Leitern, wohl Strick-Leitern geschaffen, die so hoch wie die See-Mauer am Goldenen Horn waren. Zwei Galeeren, deren eine, wie zum Hohn, La Pellegrina, die Pilgerin hieß, bloß, von Pilgerschaft war die Rede eben gerade nicht mehr, La Pirata wäre der bessere Name gewesen, wurden vom starken Nordwind gegen einen Turm der Goldenen Horn-Mauer gedrückt; man sieht jetzt von dieser See-Mauer nur noch wenig. Es gelang der Besatzung, es waren Franzosen, über die Leitern zum Turm zu gelangen und ihn zu stürmen. Bald darauf fiel ein zweiter. Dann konnte der bärenstarke Pierre von Bracieux, den ein Chronist mit dem Ajax vergleicht, mit zehn anderen Rittern und sechzig Soldaten ein Tor brechen, dann noch zwei. Jetzt stürmten die Kreuzfahrer, die ausgezogen waren, damit sie um Christi willen das heilige Land und Jerusalem und das heilige Grab schützten, dessen Sinn freilich war, daß es leer und also kein Grab war, stürmten die Kreuzfahrer die allerchristliche Hauptstadt, mordeten wie die SS und verwüsteten, schlugen um sich in einem Blut-Rausch, Vernichtungsrausch, Raub-Rausch, wie er kaum anders erklärt werden kann als wenn man, wie Lautréamont, annimmt, daß die Menschen es niemals lang in der Mäßigung, Gesittung aushalten, vielmehr von Zeit zu Zeit, man könne darauf warten, ins Vernunftlose tauchen.

Die Sache hatte damit begonnen, daß christliche Ritter, fränkische, burgundische, flandrische, alemannische, provençalische, rheinische Edle hochgestimmt auszogen unter Parolen, die bekannt sind. In Venedig saßen sie fest. Der Winter nahte; auf dem Lido, San Niccolo, muß kein erfreuliches Warten gewesen sein; Geld fehlte, Schiffe fehlten, an Streit war also kein Mangel. Da geschah es, daß die Venezianer den gesamten Kreuzzug glattweg einkauften. Ihre Absicht, die stück- und stufenweise herauskam: die andere Meer-Stadt, die mächtigere und reichere, ältere und feinere und glühend beneidete, also glühend gehaßte griechische Hauptstadt zu schädigen, zu stürmen, jedenfalls zu beerben.

Der geniale Cäsar des Raubzugs und Verbrechens an Europa war Enrico Dandolo; er war damals schon neunzig Jahre alt, das liest sich so und stellt sich schwer vor, und war blind, als er diesen Haßzug und gewaltigen Beute-Zug ausdachte und mit tausend Listen, Überredungen, den Einen gegen den Anderen ausspielend, wie eben so etwas von Meistern der Verhandlungskünste gemacht wird, dahin wo er wollte brachte. Geringe Unkosten, denn das Blut zahlten Andere; Venedig brachte die List und sonst nichts auf.

In welch strahlendem, begehrenswertem Glanz die Beute, die griechische Hauptstadt erschien, geht aus

dem Umstand hervor, daß Dandolo, der Doge, sich mit dem Gedanken trug, den Sitz des künftigen Erbreichs von Venedig nach Konstantinopel zu legen; hätte der Greis noch länger gelebt, die Geographie unseres Erdteils hätte sich möglich verändert.
So weit ging der Hohn der alten neunzigjährigen Dohle: auch nach seinem Tod wollte er, auf der Beute hockend, gesehen werden, auf dem Raubstück. Mit undeutlichem Interesse gehen jetzt die Besucher der Kirche der Heiligen Weisheit, sofern sie die Emporen der Kirche begehen, an der Grab-Platte vorüber, die wie einen Triumph-Ruf den Namen Henricus Dandolo, weiter nichts trägt.
Wir kennen die Summe, zu welcher die Venezianer den gesamten Kreuzzug aufkauften; fünf und achtzig tausend kölnische Silbermark waren es, für welche den Kreuzfahrern fünfzig Galeeren gestellt wurden, dazu die Verpflegung für vier einhalb tausend Ritter mit ihren Pferden, ferner für neun tausend Junker, ferner für zwanzig tausend Soldaten, ferner, im Preis einbegriffen, der Verrat an der heiligen Sache. Die Venezianer stellten ferner den Generalstabsplan, ohne weitere Kosten, und bestimmten das Kriegsziel. Es war von vornherein klar: die Ritter konnten die kölnischen Silbermark nie bezahlen; es war eine venezianische Abschreibung.
So konnte es denn in Christi oder in Satans Namen losgehen.

Die Scheußlichkeit war gigantisch. Es war auch die größte Katastrophe für die griechische Archäologie. Denn niemals ist so viel an antiken Kunstwerken zu Grunde gegangen wie damals; die griechische Hauptstadt war ja, zu ihrem Stolz, damit angefüllt, es war ja ihr Erbe, sie hatte das Berühmteste aus allen Teilen des Reiches gesammelt. Aber auch das Eigene ging unter; was immer von Gold und Silber, Elfenbein, Filigran, Email, was mit Edelsteinen besetzt war, wurde aus den Kirchen gerissen und, wie es Diebe mit solchen Sachen halt machen, eingeschmolzen, damit es als Diebesgut unkenntlich war. Nur an versprengten Resten können wir uns ein Bild von dem machen, was unterging: Venedig nahm die vier antiken Pferde an sich, die jetzt auf dem Dom von San Marco in Venedig stehen, ferner Teile, die später zu der berühmten Pala d'oro am Hochaltar von San Marco ergänzt wurden, dem Gold- und Zellenschmelz-Wunder, vor dem man steht, staunt, erkennt: Also das war einmal Byzanz.
Dazu vieles andere, viele Säulen in San Marco, vieles im Domschatz, viel, viel Versprengtes in Museen, in Domschätzen, das man sich nunmehr zusammensucht, wie in der kleinen Lahn-Stadt Limburg.
Doch das sind nur die Kunstwerke. Freilich, wem Schöpfungen dieser Art so wert und mehr wert sind wie Ländergewinn und Verluste, dem wiegt das. Doch die Katastrophe darüber hinaus war: dem griechischen Reich war seitdem die Wirbelsäule gebrochen. Eine erste Welle von Emigranten, griechischen Auswanderern, kam nach Westen, eine zweite spä-

ter zur Türkenzeit, und beide erzeugten, was der ahnungslose Westen die Renaissance nannte. Es war aber gar keine Wiedergeburt; die Antike war, im griechischen Reich, doch nie untergegangen; das Wort Renaissance verhöhnt das.

Wüßten wir denn von Platon mehr als den Namen, wären die Philologen von Byzanz nicht gewesen? und so von Homeros, vom Aischylos, Sophokles, vom Herodotos, Thukydides, von wem immer? Es wäre keine Überlieferung da. Byzanz, an seiner Vorzeit hängend, schrieb durch die Jahrhunderte ab, kommentierte, bewahrte. Es ist doch so, daß noch Dante von der Odysseia, von der Ilias nur von fern gehört hatte; er hielt den Homeros für eine Gestalt, die er mit dem mittleren Geschichtschreiber Lucanus, der mehr als ein halbes Jahrtausend später gelebt hat, und mit dem Rokoko-Dichter Ovidius zusammen nennen konnte.

So ist es auch wahr und doch halbvergessen, daß unsere Kunst aus Byzanz kam. Von Rom kam, was praktisch war, brauchbar, der Herrschaft dienlich. Der Durchschein, er konnte von dorther nicht kommen, aber aus Griechenland kam er. Aber was soll uns Kunst ohne den?

Man weiß das alles, in den Handbüchern steht es. Aber ist es das, was man wissen heißt?

Mir kommt vor, daß sich eine Veränderung dessen vollzieht, was man wissen heißt. Informationen, Lexikon-Wissen, Nachschlagbares, wieder Zugeklapptes. Wissen, das bis zum Erscheinen des nächsten Zeitschriften-Hefts wahr ist, dann nicht mehr. Vielwissen bei Nichtwissen. Verträgt sich Vielwissen und Wissen? Der Computer weiß alles, vergißt nichts. Der Computer, den wir zwar erfanden, der sich jedoch als der Stärkere erweist und seine Erfinder verändert. Der Computer weiß alles. Aber weiß er, was wissen heißt?

VERGESSEN, VERGESSEN

Das Schlimmste, was über die fränkische oder wie man zu sagen pflegt: lateinische Eroberung der griechischen Hauptstadt gesagt werden muß, ist, daß sie nutzlos, sinnlos und im Guten folgenlos war. Da wir geneigt sind, Landnahmen nach dem zu beurteilen, was daraus gemacht wurde, so muß das Urteil kläglich ausfallen. Ganze siebenundfünfzig Jahre hat die lateinische Herrschaft in Konstantinopel gehalten, dann erlosch sie, auf den Müll der Weltgeschichte geworfen. Währenddem hatte sich die Zahl der Einwohner von sieben hundert tausend auf vierzig tausend vermindert; eine Weltstadt wurde zur ausgestorbenen Kleinstadt. Verlassene Häuser verfielen, Stadtviertel gemieden; Trauer zog ein, wohnte.

Ein paar Zwingburgen blieben, deren Ruinen noch über das griechische Land hin gestreut sind, ehemals waffenstarrend und drohend, dornige Festpunkte der Fremdherrschaft, die wir jetzt mit der

unbestimmten Rührung besuchen, die uns beim Anblick von Ruinen ergreift, wenn wir sehen, daß Mohn und Verbascum, Wermut und Zistusrose, Hafergras und Ginster siegreicher sind als dieses ganze Gemache. Das Vergessen überwächst eben alles.
Niemand wunderte sich, daß im großen Gedicht der Deutschen, im Faust, die verdächtige Schandtat der Kreuzfahrer gefeiert wird. »Germane du«, so grüßt Faust die landfremden Zerstörer und verlogenen Ins Heilige Land-Fahrer, »Korinthus Buchten verteidige mit Wall und Schutz! Achaja dann, mit hundert Schluchten, empfehl ich, Gote, deinem Trutz. Nach Elis zieh der Franken Heere, Messene sei der Sachsen Los! Normanne reinige die Meere und Argolis erschaff er groß.« So verteilt Faust die griechischen Lande, als hätten sie zuvor niemandem gehört, hätten bloß auf diese Beute-Fahrer gewartet. So werden, im selben Atemzug, also im Zweiten Teile des Faust, die Mörder des Griechischen Reiches besungen: »In Stahl gehüllt, vom Strahl umwittert, die Schar, die Reich um Reich zerbrach, sie treten auf, die Erde schüttert, sie schreiten fort, es donnert nach.« Wohl. Jedoch, man möchte es lieber in Moll lesen.
Es ist nur, daß man sehe, ein neues Mal sehe, wie sehr Unrecht, das man zufügte, und Vergessen sich nahstehen. Was für verliebte Geschwister, unzertrennliche. Nicht daß dies neu wäre. Wir wußten es eh, daß auch Völker es so mit der Schuld machen: Zuschütten. Schnell und gründlich vergessen. Wie die Kinder, wenn eines von ihnen ins Wasser fiel

und ertrank: Schnell wegrennen, nichts sagen. Vielleicht, daß es dann gar nicht wahr war.
So kraftvoll wuchert das Kraut des Vergessens, wenn es von Schuldgefühlen gedüngt wird. Es ist halt der geniale Einfall, der Trick der Geschichte, daß sie mit jedem Geborenen die Welt neu beginnen läßt. Jedes Mal die Tafel zur Schwärze gelöscht, Spielfeld mit dem Rechen geebnet, Fahrtenzähler auf Null, Start-Stellung. Mit jeder Sohnes-Geburt wird Überzeugung geboren, bisher sei alles dumm und verlogen, falsch und verfahren gewesen; oft genug stimmts auch. Mit jeder Sohnes-Geburt wird Väter-Haß mitgeboren. Jedes Mal kommt mit dem Neugeborenen die Überzeugung zur Welt: Wenn künftig nur alles umgestürzt werde, seis besser.
So kanns denn von vornen beginnen.

KATALOG

V

vertreter, Vicarius Christi, Mit-Regent, Mit-Inhaber des Zornes Gottes, Mit-Richter, Mit-Weiser 52

entsetzlicher Gedanke – aber alle großen Gedanken erschrecken – daß Erschrecken nicht dauern kann, das ist unter anderem der Grund, weswegen die großen Gedanken mit der Zeit matt werden, sich niederlegen und sterben 52

Wenn man, in der Hagia Sophia stehend, das Ineinander des Großmords und des Kirchenbaues bedenkt, so ist wenigstens das Erschrecken vor dem grandiosen Kopfüber, der hochfragwürdigen Umstülpung des Gedankens Christos Pantokrator, Christos Weltbeherrscher und der Kaiser sein Mit-Regent, Mit-Richter, Mit-Weiser gewonnen – ist gewonnen, was der Geolog einen Aufschluß nennt – wenigstens das Erschrecken wiedergewonnen 53

Elend des Regierens niedergehalten, indem Macht angebunden wurde an eine Macht, die nicht von dieser Welt war 54

VI

WASSER – Konstantinopel, eine Meer-Stadt ohne Trinkwasser, eine Felsen-Stadt – nimm Kraft aus deiner Schwäche – die Stadt schwelgte in Wasser: Wasser-Brücken, Wasser-Speicher, unterirdische Wasser-Schlösser, Zisternen, die man besser Tanks nennen sollte, denn Tank ist ein altes indisches Wort, das ›kunstvoller Teich‹ bedeutet, und das Wort ist bloß auf dem Kolonial-Weg aus Indien über das Englische nach Europa gekommen – die Stadt lag und liegt noch auf vielen unterirdischen Wasser-

VII

IX

X

XIV

AUF DELOS – in der Lage Robinsons war ich, der einen Klumpen Gold fand – der Steppenbrand der Geschichte war damals eben weitergebrannt, andere Länder, andere Brand-Stätten – nur ein paar Kalk-Öfen, in denen die Bauern der Nachbar-Inseln den parischen Marmor antiker Standbilder zu Kalk, Mörtel für ihre Hütten verbrannten – fiel mein Lampen-Schein auf das Riedgras 149

XV

DIE NEUEN SKLAVEN –Markt-Platz von Delos – wäre ein Irrtum, zu meinen, daß Einem solche Plätze in Minuten alles das, was sie wissen, aufsagen – dieser Markt-Platz hatte seine uralte Gabe, Menschen zu versammeln behalten – ich dachte jedoch nicht an die archaischen Feste und ihr berühmtes Gewimmel – eher daran, daß ausgerechnet dieser allerhellenistischste Markt-Platz in späteren römischen Zeiten Welt-Markt-Platz für Sklaven war – da Weltgeschichte eben solche Verhöhnungen liebt . 155

man ist jetzt andere Wege als Sklaven-Handel gegangen – man hat die Fron abgewälzt auf die Dinge – die nunmehr an Stelle der Sklaven versklavt sind – schrecklicher Irrtum, zu meinen, diese neuen Sklaven ertrügen den Terror, ohne je eine Rechnung zu stellen – keine Gegenwehr zu befürchten? – kein Spartakus? kein Aufstand der neuen Sklaven? – hätte man nicht daran denken sollen, daß sie die uralte Waffe der Gepeinigten und Unterdrückten besäßen, dachte man nicht an die Möglichkeit

Bibliothek Suhrkamp

Verzeichnis der letzten Nummern

390 Viktor Šklovskij, Sentimentale Reise
391 Max Horkheimer: Die gesellschaftliche Funktion der Philosophie
392 Heinrich Mann, Die kleine Stadt
393 Wolfgang Koeppen, Tauben im Gras
394 Cesare Pavese, Das Handwerk des Lebens
395 Theodor W. Adorno, Noten zur Literatur IV
397 Ferruccio Busoni, Entwurf einer neuen Ästhetik der Tonkunst
398 Ernst Bloch, Zur Philosophie der Musik
399 Oscar Wilde, Die romantische Renaissance
400 Marcel Proust, Tage des Lesens
402 Paul Nizan, Das Leben des Antoine B.
403 Hermann Heimpel, Die halbe Violine
404 Octavio Paz, Das Labyrinth der Einsamkeit
405 Stanisław Lem, Das Hohe Schloß
406 André Breton, Nadja
407 Walter Benjamin, Denkbilder
408 Mircea Eliade, Die Sehnsucht nach dem Ursprung
409 Rainer Maria Rilke, Über Dichtung und Kunst
410 Ödön von Horváth, Italienische Nacht
411 Jorge Guillén, Ausgewählte Gedichte
412 Paul Celan, Gedichte I
413 Paul Celan, Gedichte II
414 Rainer Maria Rilke, Das Testament
415 Thomas Bernhard, Die Macht der Gewohnheit
416 Zbigniew Herbert, Herr Cogito
417 Wolfgang Hildesheimer, Hauskauf
418 James Joyce, Dubliner
419 Carl Einstein, Bebuquin
420 Georg Trakl, Gedichte
421 Günter Eich, Katharina
422 Alejo Carpentier, Das Reich von dieser Welt
423 Albert Camus, Jonas
424 Jesse Thoor, Gedichte
425 T. S. Eliot, Das wüste Land
426 Carlo Emilio Gadda, Die Erkenntnis des Schmerzes
427 Michel Leiris, Mannesalter
428 Hermann Lenz, Der Kutscher
429 Mircea Eliade, Das Mädchen Maitreyi
430 Ramón del Valle-Inclán, Tyrann Banderas
431 Raymond Queneau, Zazie in der Metro
432 Rainer Maria Rilke, Briefe zur Politik
433 William Butler Yeats, Die geheime Rose

434 Juan Rulfo, Pedro Páramo
435 André Breton, L'Amour fou
436 Marie Luise Kaschnitz, Gedichte
437 Jerzy Szaniawski, Der weiße Rabe
438 Ludwig Hohl, Nuancen und Details
439 Mario Vargas Llosa, Die kleinen Hunde
440 Thomas Bernhard, Der Präsident
441 Hermann Hesse – Thomas Mann, Briefwechsel
442 Hugo Ball, Flametti
443 Adolfo Bioy Casares, Morels Erfindung
444 Hermann Hesse, Wanderung
445 Ödön von Horváth, Don Juan
446 Flann O'Brien, Der dritte Polizist
447 Giuseppe Tomasi di Lampedusa, Der Leopard
448 Robert Musil, Törleß
449 Elias Canetti, Der Überlebende
450 Robert Walser, Geschwister Tanner
451 Alfred Döblin, Berlin Alexanderplatz
452 Gertrude Stein, Paris Frankreich
453 Johannes R. Becher, Gedichte
454 Federico García Lorca, Bluthochzeit/Yerma
455 Ilja Ehrenburg, Julio Jurenito
456 Boris Pasternak, Kontra-Oktave
457 Juan Carlos Onetti, Die Werft
458 Anna Seghers, Die schönsten Sagen vom Räuber Woynok
459 Harry Levin, James Joyce
464 Franz Kafka, Der Heizer
465 Wolfgang Hildesheimer, Masante
466 Evelyn Waugh, Wiedersehen mit Brideshead
467 Gershom Scholem, Walter Benjamin
468 Rainer Maria Rilke, Duineser Elegien
469 Hugo von Hofmannsthal/Rainer Maria Rilke, Briefwechsel
470 Alain, Die Pflicht glücklich zu sein
471 Wolfgang Schadewaldt, Der Gott von Delphi
472 Hermann Hesse, Legenden
473 H. C. Artmann, Gedichte
474 Paul Valéry, Zur Theorie der Dichtkunst
476 Erhart Kästner, Aufstand der Dinge
477 Stanisław Lem, Der futurologische Kongreß
478 Theodor Haecker, Tag- und Nachtbücher
479 Peter Szondi, Satz und Gegensatz
480 Tania Blixen, Babettes Gastmahl
481 Friedo Lampe, Septembergewitter
482 Heinrich Zimmer, Kunstform und Yoga
483 Hermann Hesse, Musik
486 Marie Luise Kaschnitz, Orte
487 Hans-Georg Gadamer, Vernunft im Zeitalter der Wissenschaft

488 Yukio Mishima, Nach dem Bankett
489 Thomas Bernhard, Amras
490 Robert Walser, Der Gehülfe
491 Patricia Highsmith, Als die Flotte im Hafen lag
492 Julien Green, Der Geisterseher
493 Stefan Zweig, Die Monotonisierung der Welt
494 Samuel Beckett, That Time/Damals
495 Thomas Bernhard, Die Berühmten
496 Günter Eich, Marionettenspiele
497 August Strindberg, Am offenen Meer
498 Joseph Roth, Die Legende vom heiligen Trinker
499 Hermann Lenz, Dame und Scharfrichter
500 Wolfgang Koeppen, Jugend
501 Andrej Belyj, Petersburg
503 Cortázar, Geschichten der Cronopien und Famen
504 Juan Rulfo, Der Llano in Flammen
505 Carlos Fuentes, Zwei Novellen
506 Augusto Roa Bastos, Menschensohn
508 Alejo Carpentier, Barockkonzert
509 Elisabeth Borchers, Gedichte
510 Jurek Becker, Jakob der Lügner
512 James Joyce, Die Toten/The Dead
513 August Strindberg, Fräulein Julie
514 Sigmund Freud, Eine Kindheitserinnerung des Leonardo da Vinci
515 Robert Walser, Jakob von Gunten
517 Luigi Pirandello, Mattia Pascal
519 Rainer Maria Rilke, Gedichte an die Nacht
520 Else Lasker-Schüler, Mein Herz
521 Marcel Schwob, 22 Lebensläufe
522 Mircea Eliade, Die Pelerine
523 Hans Erich Nossack, Der Untergang
524 Jerzy Andrzejewski, Jetzt kommt über dich das Ende
525 Günter Eich, Aus dem Chinesischen
526 Gustaf Gründgens, Wirklichkeit des Theaters
527 Martin Walser, Ehen in Philippsburg
528 René Schickele, Die Flaschenpost
529 Flann O'Brien, Das Barmen
533 Wolfgang Hildesheimer, Biosphärenklänge
534 Ingeborg Bachmann, Malina
535 Ludwig Wittgenstein, Vermischte Bemerkungen
536 Zbigniew Herbert, Ein Barbar in einem Garten
537 Rainer Maria Rilke, Ewald Tragy
538 Robert Walser, Die Rose
539 Malcolm Lowry, Die letzte Adresse
540 Boris Vian, Die Gischt der Tage
541 Hermann Hesse, Josef Knechts Lebensläufe
542 Hermann Hesse, Magie des Buches

543 Hermann Lenz, Spiegelhütte
544 Federico García Lorca, Gedichte
545 Ricarda Huch, Der letzte Sommer
546 Wilhelm Lehmann, Gedichte
547 Walter Benjamin, Deutsche Menschen
548 Bohumil Hrabal, Tanzstunden für Erwachsene und Fortgeschrittene
549 Nelly Sachs, Gedichte
550 Ernst Penzoldt, Kleiner Erdenwurm
551 Octavio Paz, Gedichte
552 Luigi Pirandello, Einer, Keiner, Hunderttausend
553 Strindberg, Traumspiel
554 Carl Seelig, Wanderungen mit Robert Walser
555 Gershom Scholem, Von Berlin nach Jerusalem
556 Thomas Bernhard, Immanuel Kant
557 Ludwig Hohl, Varia
559 Raymond Roussel, Locus Solus
560 Jean Gebser, Rilke und Spanien
561 Stanisław Lem, Die Maske · Herr F.
562 Raymond Chandler, Straßenbekanntschaft Noon Street
563 Konstantin Paustowskij, Erzählungen vom Leben
564 Rudolf Kassner, Zahl und Gesicht
565 Hugo von Hofmannsthal, Das Salzburger große Welttheater
567 Siegfried Kracauer, Georg
568 Valery Larbaud, Glückliche Liebende ...
570 Graciliano Ramos, Angst
571 Karl Kraus, Über die Sprache
572 Rudolf Alexander Schröder, Ausgewählte Gedichte
573 Hans Carossa, Rumänisches Tagebuch
574 Marcel Proust, Combray
575 Theodor W. Adorno, Berg
576 Vladislav Vančura, Der Bäcker Jan Marhoul
577 Mircea Eliade, Die drei Grazien
578 Georg Kaiser, Villa Aurea
579 Gertrude Stein, Zarte Knöpfe
580 Elias Canetti, Aufzeichnungen
581 Max Frisch, Montauk
582 Samuel Beckett, Um abermals zu enden
583 Mao Tse-tung, 39 Gedichte
584 Ernst Kreuder, Die Gesellschaft vom Dachboden
585 Peter Weiss, Der Schatten des Körpers des Kutschers
586 Herman Bang, Das weiße Haus
587 Herman Bang, Das graue Haus
588 Hermann Broch, Menschenrecht und Demokratie
589 D. H. Lawrence, Auferstehungsgeschichte
590 O'Brien, Zwei Vögel beim Schwimmen
591 André Gide, Die Rückkehr des verlorenen Sohnes

592 Jean Gebser, Lorca oder das Reich der Mütter
593 Robert Walser, Der Spaziergang
594 Natalia Ginzburg, Caro Michele
595 Raquel de Queiroz, Das Jahr 15
596 Hans Carossa, Ausgewählte Gedichte
597 Mircea Eliade, Der Hundertjährige
599 Hans Mayer, Doktor Faust und Don Juan
600 Thomas Bernhard, Ja
601 Marcel Proust, Der Gleichgültige
602 Hans Magnus Enzensberger, Mausoleum
603 Stanisław Lem, Golem XIV
604 Max Frisch, Der Traum des Apothekers von Locarno
605 Ludwig Hohl, Vom Arbeiten · Bild
606 Herman Bang, Exzentrische Existenzen
607 Guillaume Apollinaire, Bestiarium
608 Hermann Hesse, Klingsors letzter Sommer
609 René Schickele, Die Witwe Bosca
610 Machado de Assis, Der Irrenarzt
611 Wladimir Trendrjakow, Die Nacht nach der Entlassung
612 Peter Handke, Die Angst des Tormanns beim Elfmeter
613 André Gide, Die Aufzeichnungen und Gedichte des André Walter
614 Bernhard Guttmann, Das alte Ohr
616 Ludwig Wittgenstein, Bemerkungen über die Farben
617 Paul Nizon, Stolz
618 Alexander Lernet-Holenia, Die Auferstehung des Maltravers
619 Jean Tardieu, Mein imaginäres Museum
620 Arno Holz/Johannes Schlaf, Papa Hamlet
621 Hans Erich Nossack, Vier Etüden
622 Reinhold Schneider, Las Casas vor Karl V.
624 Ludwig Hohl, Bergfahrt
627 Vladimir Nabokov, Lushins Verteidigung
628 Donald Barthelme, Komm wieder Dr. Caligari
629 Louis Aragon, Libertinage, die Ausschweifung
630 Ödön von Horváth, Sechsunddreißig Stunden
631 Bernard Shaw, Sozialismus für Millionäre
632 Meinrad Inglin, Werner Amberg. Die Geschichte seiner Kindheit
633 Lloyd deMause, Über die Geschichte der Kindheit
634 Rainer Maria Rilke, Die Sonette an Orpheus
635 Aldous Huxley, Das Lächeln der Gioconda
637 Wolf von Niebelschütz, Über Dichtung
638 Henry de Montherlant, Die kleine Infantin
640 August Strindberg, Das rote Zimmer
641 Ernst Simon, Entscheidung zum Judentum
642 Albert Ehrenstein, Briefe an Gott
643 E. M. Cioran, Über das reaktionäre Denken
645 Marie Luise Kaschnitz, Beschreibung eines Dorfes
646 Thomas Bernhard, Der Weltverbesserer

Bibliothek Suhrkamp

Alphabetisches Verzeichnis